MEIN KRÄUTER- UND BLUMENKOCHBUCH

Mein KRÄUTER & BLUMEN Kochbuch

REZEPTE UND TIPPS ZU ANBAU UND ERNTE

Fotos von Oliver Brachat
Rezepte von Torsten Hülsmann

Hölker Verlag

Inhalt

Vorwort

Seit Jahrhunderten schätzen wir die wohltuende Kraft von Kräutern und essbaren Blumen. Sie schmecken und duften gut, beeindrucken durch ihre Vielfalt und Blütenpracht und haben oft auch eine heilende Wirkung. Nachdem vor allem viele Wildpflanzen in den letzten Jahrzehnten beinahe in Vergessenheit geraten sind, sammeln und verarbeiten wir sie heute wieder öfter, um von ihnen als aromatische Zutat und natürliche Medizin zu profitieren.

Daher verwundert es kaum, dass auch der eigene kleine Kräuter- und Blumengarten – ob als Beet oder Topfgarten auf Terrasse oder Balkon – hoch im Kurs steht. Man kann den selbst angebauten Pflanzen beim Wachsen und Gedeihen zuschauen und ist nicht mehr auf verpackte Kräuter aus dem Supermarkt angewiesen. Und mit der Ernte aus dem eigenen Garten macht man jedes noch so einfache Gericht zu etwas ganz Besonderem.

In unserem Kräuter- und Blumenkochbuch finden sich neben leckeren Rezepten auch unzählige Tipps zu Anbau und Ernte, die einen ersten Überblick zu den Anforderungen eines eigenen Kräuter- und Blumengartens geben. Außerdem stellen wir anhand von kurzen Porträts eine Auswahl unserer persönlichen Lieblingskräuter und -blumen vor, die auch in unseren Rezepten die Hauptrolle spielen und ihnen eine einzigartige, schmackhafte und dekorative Note verleihen.

Wir wünschen Ihnen viel Freude beim Anbau, viel Spaß beim Nachkochen der Rezepte und vor allem einen guten Appetit!

Oliver Brachat & Torsten Hülsmann

Mein
KRÄUTER
& BLUMEN
Garten

Mein Kräuter – und Blumengarten

DIE RICHTIGE PLANUNG

Ist es für Sie auch eine idyllische Vorstellung, aromatisch duftende Kräuter und essbare bunte Blumen frisch aus dem eigenen Garten, direkt von der Terrasse oder vom Balkon zu ernten, um sie dann gleich in der Küche zu leckeren Gerichten weiterzuverarbeiten? Mit ein paar Grundkenntnissen und der richtigen Planung können Sie Ihren Traum vom eigenen kleinen Kräuter- und Blumenbeet leicht in die Realität umsetzen – und Ihren Lieblingsgerichten so eine ganz persönliche Note geben.

Ein paar Fragen sollten Sie sich hierzu vorab stellen:

Welche Kräuter und Blumen passen zu Ihnen und welche Küche bevorzugen Sie? Kochen Sie eher traditionell und favorisieren Sie heimische Gerichte? Dann werden Sie wahrscheinlich am ehesten Verwendung für die Klassiker unter den Kräutern wie Petersilie, Schnittlauch oder Dill haben und sich in Ihrem Garten an Rosen und Ringelblumen erfreuen. Oder sind Sie experimentierfreudig und interessieren sich für fremde Küchen oder auch für Wild- und Heilpflanzen und längst in Vergessenheit geratene Zutaten? Dann mögen Sie vermutlich Kräuter wie Koriander, Brennnessel und Brunnenkresse oder die Blüten von Hibiskus, Löwenzahn und Kornblume. Oder lieben Sie die mediterrane Küche? Dann können Sie keinesfalls auf Thymian, Rosmarin, Majoran und Lavendel verzichten.

Wie hoch ist Ihr Bedarf? Kochen Sie regelmäßig für die ganze Familie und viele Freunde? Dann können Sie Ihren Kräutergarten oder -balkon natürlich größer anlegen, als wenn Sie nur gelegentlich und für eine geringere Anzahl an Gästen in der Küche stehen. Zudem sollten Sie bedenken, dass Sie von den verschiedenen Kräutern und Blumen auch verschiedene Erntemengen benötigen. Brauchen Sie gleich eine Handvoll zum Würzen oder nur ein paar Stängel oder Blüten zum Dekorieren? Beziehen Sie diese Überlegungen unbedingt mit in Ihre Planung ein!

Wie groß ist Ihre Anbaufläche und möchten Sie direkt ins Freie oder lieber in Töpfen pflanzen? Haben Sie einen eigenen Garten und können ein ganzes Beet anlegen oder möchten Sie Ihre Terrasse, Ihren Balkon oder auch nur Ihre Fensterbank in der Küche mit verschiedenen Kräutertöpfen bereichern? Die Wahl des richtigen Standortes sollten Sie auf jeden Fall ganz bewusst treffen. Pflanzen Sie im Garten, müssen Sie vorher genau beachten, ob es sich um ein sonniges oder schattiges Plätzchen handelt, ob der Boden eher feucht oder trocken, sandig oder lehmig ist und ob diese Bedingungen Ihren ausgewählten Kräutern und Blumen zugutekommen. Pflanzen Sie in Töpfen, können Sie den Standort etwas besser variieren und z. B. flexibler den vorherrschenden Wetterbedingungen anpassen. Hierfür sollten Sie sich jedoch vorher genau informieren, welche Kräuter und Blumen für die Topf- oder Kübelhaltung besonders infrage kommen, wie hoch und breit sie wachsen und wie viel Raum sie für ihre Wurzeln benötigen.

KRÄUTER UND BLUMEN ANBAUEN

Um zu gedeihen, benötigen alle Kräuter und Blumen neben einem für sie optimalen Standort Wasser, Licht und Dünger – in welchem Umfang, kommt natürlich immer auf die jeweilige Pflanze und ihre Ansprüche an. Manche Pflanzen vertragen sich auch nicht miteinander, sie sollte man dann mit dem nötigen Abstand zueinander anbauen.

Der Standort

Grundsätzlich lieben die meisten Kräuter und Blumen die Sonne, in der ihr Stoffwechsel erst richtig zu arbeiten beginnt. Dadurch können sich ihr Geschmack und ihre Blütenpracht voll entfalten. Es gibt aber auch genügsamere Pflanzen, die auch mit einem Schattenplätzchen zufrieden sind.

Sonnenanbeter und damit besonders wärmeliebend sind die meisten mediterranen Pflanzen wie Basilikum, Lavendel oder Salbei, die auch hierzulande ähnliche Bedingungen wie in ihrer ursprünglichen Heimat schätzen. Nur dann entwickeln sie ihr volles Aroma und verströmen ihren typischen Duft.

Schattige Plätze eignen sich vor allem für heimische Waldpflanzen wie Bärlauch oder Waldmeister, die sich besonders gerne unter Sträuchern oder Laubbäumen ausbreiten. Aber auch im Halbschatten gedeihen noch viele Pflanzen, die es eigentlich eher sonnig mögen, wie Pfefferminze oder Liebstöckel.

Der Boden

Die wenigsten Kräuter stellen allzu hohe Ansprüche an den Boden. Er sollte generell eher durchlässig und nicht zu feucht sein. Mit Ausnahme von Brunnenkresse und anderen Pflanzen, die sich vor allem in der Nähe von Gewässern wohlfühlen, mögen die meisten Kräuter und Blumen keine »nassen Füße«.

I. d. R. setzen sich Gartenböden aus einem Gemisch verschiedener Bodenarten zusammen, aus einem **humosen Boden,** der nährstoffreich und weder zu locker noch zu fest ist, aus einem **lehmigen Boden,** der für viele Kräuter genau wie der humose Boden ideal ist, da er viele Nährstoffe transportiert und gut Wasser speichern kann, aus einem **sandigen Boden,** der sehr locker und durchlässig ist, aber dafür auch recht trocken und nährstoffarm ist, und aus einem **tonhaltigen Boden,** in dem sich die wenigsten Kräuter und Blumen wohlfühlen, da hier oft Staunässe entstehen kann.

Je nach Bodenzusammensetzung können Sie durch Düngen, Auflockern und Wässern für die meisten Kräuter und Blumen ideale Bedingungen schaffen. Sie sollten in jedem Fall vorher klären, welche Pflanzen in welchem Boden am besten gedeihen. Wenn Sie einen Topfgarten auf Ihrer Terrasse oder Ihrem Balkon anlegen möchten, haben Sie es bei der Auswahl der Pflanzen leichter. Dann können Sie die Erde für jeden Topf und jede Pflanze individuell wählen und somit optimale Ergebnisse erzielen.

Ziehen, vermehren und pflanzen

Möchten Sie nicht einfach nur gekaufte, vorgezogene Pflanzen aus dem Gartenmarkt ins Beet oder die Töpfe setzen, sondern Kräuter und Blumen selbst

ziehen, sind Geduld und Grundwissen gefragt. Gelingt der eigene Anbau, werden Sie umso mehr Freude daran haben, den Pflanzen beim Wachsen zuzuschauen und dann schließlich die erste Ernte in der Küche zu verarbeiten. Ein weiterer Vorteil besteht darin, dass Samen wesentlich günstiger sind als der Kauf von vorgezogenen Kräutern oder Blumen.

Ab Februar oder März können Sie mit der Aussaat ins Kleingewächshaus, Frühbeet oder in Saatschalen am warmen Fensterplatz beginnen, wo die meisten Pflanzen bereits nach wenigen Tagen zu keimen beginnen. Hierfür benötigen Sie spezielle ungedüngte Anzuchterde. Steigen die Temperaturen, können Sie die Jungpflanzen nach draußen ins Beet oder in Töpfe umsetzen. Von März–April können Sie frostharte Kräuter- und Blumensamen auch direkt ins Freie aussäen. Hierfür sollten Sie wissen, ob die Pflanzen Licht- oder Dunkelkeimer sind – je nachdem werden die Samen nur leicht im Boden angedrückt oder mit etwas Erde bedeckt. (Entsprechende Informationen dazu finden Sie i. d. R. auf der Verpackung der Samen.) Die Saat anschließend gut anfeuchten. Ab Mai sind dann auch Aussaaten von kälteempfindlicheren Pflanzen ins Freie möglich.

Tipp: Zum Teil können Sie auch selbst Samen ernten, trocknen und im nächsten Frühjahr wieder aussäen. Hierzu eignen sich z. B. Fenchel, Dill oder Ringelblumen.

Pflanzen lassen sich auf viele Arten vermehren – z. B. aus Triebspitzen oder durch Teilung einer Mutterpflanze, die Sie dann nicht nachkaufen müssen.

So vermehren Sie Kräuter und Blumen aus Stecklingen:

✳ Aus den frischen Triebspitzen lassen sich Stecklinge gewinnen, die beste Zeit hierfür ist das späte Frühjahr oder der Frühsommer vor der Blüte.

✳ Dafür schneiden Sie die Triebspitzen unterhalb eines Blattes mit einem scharfen Messer ab.

✳ Füllen Sie einen kleinen Topf mit spezieller Vermehrungserde, drücken Sie diese fest und stechen Sie mit einem Holzstäbchen ein Loch hinein, in das Sie die Triebspitze vorsichtig einführen.

✳ Den Steckling sollten Sie dann gut befeuchten, evtl. mit Folie abdecken und an einen warmen und lichten Ort stellen. Die Erde sollten Sie weiterhin mäßig feucht halten.

✳ Sobald nach einigen Wochen die ersten neuen Blätter sprießen und sich eigene Wurzeln gebildet haben, setzen Sie die Pflanzen ins Beet oder in einen größeren Topf um.

So vermehren Sie Kräuter und Blumen durch Teilung:

✳ Graben Sie die Pflanze aus und schneiden Sie das Wurzelgerüst mit einem scharfen Messer vorsichtig in mehrere Teilstücke. Die beste Zeit ist auch hierfür das späte Frühjahr. Eine Teilung im Herbst ist aber auch noch möglich.

✳ Anschließend setzen Sie die Pflanzenstücke wieder in den Boden und versorgen sie mit genügend Wasser.

So pflanzen Sie bereits vorgezogene Kräuter und Blumen:

Möchten Sie aus dem Gartenmarkt gekaufte Kräuter oder Blumen in Ihr Beet pflanzen, sollten Sie auf eine gute Qualität und den richtigen Zeitpunkt achten. Es ist zwar möglich, die Pflanzen während der gesamten Gartensaison einzusetzen, die besten Zeiten sind aber auch hierfür das Frühjahr bzw. der Herbst.

Planen Sie zunächst genau, wie Sie die Kräuter oder Blumen im Beet anordnen wollen, und achten Sie dabei auf den richtigen Abstand, damit jede Pflanze genügend Platz hat. Entfernen Sie die Töpfe und heben Sie Pflanzlöcher für die Wurzelballen aus. Dabei sollte auch der Boden um das Loch herum gut aufgelockert werden. Setzen Sie die Pflanze in das Loch, füllen Sie es mit der zuvor ausgehobenen Erde wieder auf und klopfen Sie diese mit den Händen fest.

So pflanzen Sie in Töpfen:

Wenn Sie Ihre Kräuter und Blumen in Töpfen pflanzen wollen, ist es sehr wichtig, dass das Pflanzgefäß den spezifischen Ansprüchen gerecht wird. Es sollte ausreichend Platz für die Wurzeln bieten und frostfest sein. Zudem sollte es ein Wasserabzugsloch haben, damit sich keine Staunässe bilden kann, die die wenigsten Pflanzen vertragen. Um ein Verstopfen des Loches mit Erde zu vermeiden, decken Sie es mit Tonscherben oder Blähton ab. Zusätzlich können Sie auch noch eine Drainageschicht, z. B. aus Kies, einfüllen, bevor Sie die Pflanzerde (z. B. Blumen- oder spezielle Kräutererde) daraufgeben. Für das eigentliche Einpflanzen verfahren Sie so wie oben beschrieben.

Welche Kräuter passen zusammen?

Wollen Sie verschiedene Kräuter zusammen in ein Pflanzgefäß oder direkt nebeneinander ins Beet pflanzen, sollten Sie sich vorher erkundigen, welche Pflanzen ähnliche Bedürfnisse, Wachstums- und Pflegebedingungen haben. Auch die Lebensdauer spielt beim Kombinieren eine wichtige Rolle – überlegen Sie sich vorab, ob Sie ein-, zwei- oder mehrjährige Kräuter gemeinsam anbauen möchten.

Tipp: Es lassen sich übrigens nicht nur verschiedene Kräuter und Blumen in einem Beet zusammenstellen, auch ein kleiner Gemüsegarten kann eine gute Heimat für viele Kräuter bieten.

Gießen, düngen und pflegen

Für ihr Wachstum brauchen alle Pflanzen Wasser – wie viel, kommt auf die jeweiligen Ansprüche und Wetterbedingungen an. Dies sollten Sie beim Gießen beachten:

✳ Gießen Sie gründlich, dafür aber weniger oft.

✳ Bewässern Sie den Boden, nicht die Pflanzen selbst. So erreicht mehr Wasser die Wurzeln und die trocken gebliebenen Blätter können in der Sonne nicht verbrennen.

✳ Der richtige Zeitpunkt zum Gießen ist am frühen Morgen oder späten Nachmittag, wenn die Sonneneinstrahlung noch nicht bzw. nicht mehr so hoch ist. So verdunstet das Wasser weniger schnell.

Damit Ihre Pflanzen gut und rasch gedeihen, kann außerdem der richtige Dünger helfen, sie mit zusätzlichen Nährstoffen zu versorgen. Allerdings brauchen nicht alle Kräuter und Blumen Dünger – sehr anspruchslosen Pflanzen, die von Natur aus auch in mageren Böden mit minimalem Nährstoffgehalt zurechtkommen, kann er sogar schaden. Viele andere Pflanzen werden Ihnen jedoch für eine gelegentliche Düngung danken.

Man unterscheidet zwischen zwei Arten von Dünger, dem natürlichen **organischen Dünger** wie Kompost – der für die meisten Kräuter ausreichend ist – und dem **mineralischen Dünger,** der chemisch hergestellt wird, sehr schnell wirkt und nur genau nach Packungsanleitung dosiert werden sollte. Generell gilt: Im Frühjahr nach dem Pflanzen können Sie organischen Dünger ausbringen. Sehr nährstoffbedürftige Pflanzen können Sie im Juni in Maßen nochmals mit organischem oder schneller wirkendem Dünger versorgen. Diesen Vorgang sollten Sie nur bei Bedarf im Juli oder August wiederholen.

Zur Pflege der Pflanzen gehört es auch, sie zu schneiden, um Gesundheit und Wachstum zu unterstützen. Man unterscheidet zwischen Pflegeschnitten nach der Blüte, Rück- und Formschnitten. Besonders mehrjährige Kräuter sollten Sie regelmäßig – am besten im Frühjahr – zurückschneiden, um einen schönen Wuchs zu erhalten. Durch das Entfernen von welken Blüten können Sie erreichen, dass sie schnell wieder austreiben und die Blütezeit verlängert wird. Bei Kräutern, die vor der Blüte ihr bestes Aroma entwickeln, können Sie mit einem Schnitt die Blüte hinauszögern und damit länger ernten. Formschnitte dienen lediglich der Optik und sind besonders bei strauchigen, buschigen Pflanzen wie Lorbeer oder Rosmarin zu empfehlen.

Die Ernte

Es gibt kaum etwas Schöneres, als mit Gartenschere und Korb ausgerüstet durch das eigene Kräuter- und Blumenbeet zu streifen und frische Zutaten für einen leckeren Salat oder eine köstliche Suppe zu sammeln.

Die Blätter und Triebspitzen schmecken bei vielen Kräutern vor der Blüte am aromatischsten – manche ernten Sie aber am besten dann, wenn sie gerade zu blühen beginnen. Und bei anderen Pflanzen sind es gerade die prächtigen, bunten Blüten, die Sie vielleicht zum Dekorieren Ihrer Gerichte verwenden möchten. Achten Sie also bei allen Kräutern und Blumen auf den richtigen Erntezeitpunkt.

Tipp: Spezifische Hinweise zu Anbau, Boden und Ernte finden Sie in den verschiedenen Kräuter- und Blumenporträts ab S. 18.

WILD- UND HEILPFLANZEN

Wildpflanzen sind echte Überlebenskünstler und gedeihen ohne spezielle Pflege des Menschen. Sie sind reich an Vitaminen und Mineralstoffen und seit Jahrhunderten wissen die Menschen um ihre heilende und belebende Kraft.

Beim Sammeln von Wild- und Heilpflanzen sollten Sie unbedingt darauf achten, dass die Böden, auf denen sie wachsen, naturbelassen und frei von Schadstoffen sind. Sammeln Sie also nicht am Straßenrand, an von Hunden frequentierten Wegen oder auf behandelten Ackerflächen, sondern gehen Sie dazu am besten raus in die freie Natur. Und natürlich sollten Sie die Pflanzen wirklich kennen, die in Ihren Korb wandern.

Viele Wildpflanzen fühlen sich auch in Ihrem eigenen Garten wohl. Bauen Sie sie selbst an, können Sie sicher sein, dass sie unbehandelt sind, und bedenkenlos von ihrer heilenden Wirkung profitieren. Hierzu eignen sich z. B. Sauerampfer oder Schafgarbe.

ESSBARE BLÜTEN

Nicht nur optisch sind Blüten ein wahrer Genuss, auch geschmacklich bringen sie Vielfalt in Ihre Küche. Doch wie auch bei der Verarbeitung von Kräutern sollten Sie hierbei einige Dinge beachten:

✳ Die meisten Blüten (auch die von Kräutern) sind genießbar – aber experimentieren Sie keinesfalls mit Blumen, die Sie nicht kennen.

✳ Achten Sie darauf, dass die Blüten naturbelassen, also nicht mit Chemikalien behandelt sind. Pflanzen aus dem herkömmlichen Blumenladen eignen sich keinesfalls zum Verzehr.

✳ Können Sie nicht auf Blumen aus eigenem Anbau zurückgreifen und möchten Sie dennoch nicht auf Blüten als Zutat verzichten, können Sie sie in vielen Bio-Supermärkten oder -Gemüseläden unbehandelt kaufen.

✳ Pflücken Sie die Blüten erst, kurz bevor Sie sie in der Küche verarbeiten, da sie schnell welken. Ganze Blütenköpfe können Sie in einer Schale mit Wasser für einige Zeit frisch halten.

✳ Sie können Blüten vorsichtig in kaltem Wasser waschen – noch besser ist es aber, sie nur kopfüber auszuschütteln, damit sie nicht an Farbe und Aroma verlieren.

✳ Besonders wichtig: Entfernen Sie vor der Verarbeitung Stiele, Staubgefäße und Kelchblätter. Oder verwenden Sie nur die Blütenblätter, die Sie mit einem kleinen Messer abschneiden.

✳ Zum Trocknen hängen Sie die Blüten entweder kopfüber an den Stängeln an einem luftigen, warmen Ort auf oder legen die Blüten lose auf Zeitungspapier aus. Sind sie gut durchgetrocknet, bewahren Sie sie kühl, dunkel und trocken in gut verschließbaren Dosen oder Schraubgläsern auf. So halten sie sich max. 12 Monate.

KRÄUTER UND BLUMEN IM ÜBERBLICK

BÄRLAUCH
Lauchgewächs, mehrjährig

Bärlauch, der bis zu 50 cm hoch wächst, lässt sich leicht an seinen charakteristischen spitz zulaufenden Blättern und seinem intensiven Knoblauchduft erkennen. Während der Erntezeit bilden sich weiße Blütensterne, die einige Wochen später vergilben und sich wieder einziehen. Bärlauch ähnelt stark den äußerst giftigen Blättern von Maiglöckchen. Vorsicht bei der Ernte!

Anbau, Boden und Ernte:
Bärlauch kann durch Aussaat von August–Oktober oder durch das Stecken von Zwiebeln angebaut werden, die fast ganzjährig austreiben. Der Standort sollte halbschattig und feucht, der Boden humos, locker und kalkhaltig sein. Eine Topfhaltung ist ebenso möglich wie das Pflanzen ins Freie. Die Haupterntezeit reicht von April–Mai. Geerntet werden die jungen Blätter – vor der Blüte sind sie am aromatischsten. Auch die jungen Blüten, Knospen und Zwiebeln sind genießbar.

Geschmack und Verwendung:
Die würzigen, aromatischen Bärlauchblätter passen besonders gut zu Fischgerichten oder lassen sich zu Suppen, Pesto oder Gewürzöl verarbeiten.

Rezepte:
S. 54, 106

BASILIKUM
Lippenblütler, einjährig

Basilikum, das eine Höhe von 30–50 cm erreicht, hat eiförmige, aromatisch duftende Blätter, die an kantigen Stängeln wachsen. Es gibt viele verschiedene Sorten, die sich äußerlich und geschmacklich stark unterscheiden (z. B. die rotblättrige Sorte Opal, das würzige Thai-Basilikum, Zimt- oder Zitronen-Basilikum).

Anbau, Boden und Ernte:
Die Aussaat im Freien sollte von Mai–Juli erfolgen, eine Anzucht im Haus (am besten sonniger Fensterplatz) ab Mitte März ist ebenfalls möglich. Der Standort sollte warm und sonnig, der Boden humos und nährstoffreich sein. Vor allem Jungpflanzen sind sehr kälteempfindlich, deshalb zieht man in kalten Sommern Basilikum besser im Topf bei gleichmäßiger Feuchtigkeitsversorgung. Die Ernte kann erfolgen, sobald die Pflanzen ca. 10 cm hoch sind. Am aromatischsten sind die Blätter vor der Blüte von Juni–September.

Geschmack und Verwendung:
Das intensiv duftende und vielseitige Basilikum erfreut sich vor allem in der italienischen Küche großer Beliebtheit und schmeckt in Salaten, Pestos, Suppen, Saucen, zu Gemüse- und Fleischgerichten, aber auch in süßen Desserts, z. B. in Kombination mit Erdbeeren.

Rezepte:
S. 45, 52, 75, 80, 89, 92, 105, 114

BOHNENKRAUT
Lippenblütler, einjährig

Man unterscheidet das einjährige Bohnenkraut, eine buschige, 30–50 cm hoch wachsende Pflanze mit zarten Blättern und hellrosafarbenen Blüten, und das mehrjährige Berg- oder Winterbohnenkraut, ein holziger Kleinstrauch mit dunkelgrünen Blättern und weißen Blüten, der eine Höhe von 30–40 cm erreicht.

Anbau, Boden und Ernte:
Bohnen- sowie Bergbohnenkraut sät man von April–Juni ins Freie aus. Einjähriges Bohnenkraut kann man auch ganzjährig im Haus ziehen. Beide Bohnenkrautarten sind pflegeleicht und bevorzugen humosen, durchlässigen Boden und helle, warme Standorte. Die Ernte der jungen Blätter und Triebspitzen kann laufend erfolgen, am aromatischsten sind sie, sobald sich die Blüten bilden.

Geschmack und Verwendung:
Bohnenkraut hat einen würzigen, leicht pfeffrigen Geschmack und passt gut zu herzhaften, deftigen Speisen wie Suppen, Eintöpfen und natürlich Bohnengerichten. Die Blüten sind ebenfalls essbar und eignen sich gut zum Dekorieren.

Rezepte:
S. 72, 96

BORRETSCH
Raublattgewächs, einjährig

Borretsch – auch Gurkenkraut genannt – hat länglich-ovale Blätter und sternförmige, blau-violette Blüten. Er wächst bis zu 70 cm hoch.

Anbau, Boden und Ernte:
Ab Mitte April kann die Aussaat ins Freie erfolgen, dabei sollten die Samen 2–3 cm hoch mit Erde bedeckt und nicht zu dicht gesät werden. Der Boden sollte feucht und kalkhaltig sein. Junge Blätter und Triebspitzen können laufend von Juni–September geerntet werden. Auch die Blüten sind genießbar.

Geschmack und Verwendung:
Das gurkenähnliche Aroma von Borretsch eignet sich vor allem für die kalte Küche, z. B. für Salate oder Fruchtspeisen. Er schmeckt aber auch in Saucen oder Suppen, sollte jedoch nicht mitgekocht werden. Blätter, Triebspitzen und Blüten sollte man immer frisch verwenden.

Rezepte:
S. 40, 51, 102

BRENNNESSEL
Brennnesselgewächs, ein- oder mehrjährig

Die Große Brennnessel ist – im Gegensatz zur ein-jährigen Kleinen Brennnessel mit einer Wuchshöhe von 10–50 cm – eine mehrjährige, bis zu ca. 150 cm hoch wachsende Staude. Charakteristisch sind die vielen elliptischen, gezahnten Blätter, die mit kleinen Brennhaaren besetzt sind. Die Blütezeit ist von Juni–September, wobei die bräunlich-grünen Blüten recht unscheinbar sind.

Anbau, Boden und Ernte:
Die Brennnessel zählt zu den Heil- und Wildpflanzen und versamt sich von selbst. Sie benötigt feuchten, stickstoffreichen Boden und bevorzugt schattige bis halbschattige Standorte. Es können während der Blütezeit laufend junge Blätter und Triebe geerntet werden. Auch die Wurzeln sind genießbar.

Geschmack und Verwendung:
Der Geschmack der Brennnessel erinnert leicht an Spinat, ist jedoch noch aromatischer. In der Küche findet sie Verwendung in Salaten, Suppen, Kartoffel-gerichten oder getrocknet für die Zubereitung von Tee. Damit die Blätter ihre »brennende« Wirkung verlieren, sollten sie vor der Verwendung z. B. kurz blanchiert werden, denn Wasser neutralisiert das Nesselgift.

Rezept:
S. 99

BRUNNENKRESSE
Kreuzblütengewächs, mehrjährig

Brunnenkresse, auch Wasserkresse genannt, wächst vor allem als Wildkraut an Bächen und Seen und wird bis zu 40 cm hoch. Die Blätter sind immergrün, rund und glänzend, ab Mai bilden sich weiße Blüten.

Anbau, Boden und Ernte:
Brunnenkresse sollte nur an sehr klaren, sauberen Gewässern gepflückt werden. Das Kultivieren von Brunnenkresse im eigenen Garten ist aber ebenfalls möglich. Die Aussaat erfolgt am besten von Mai–August. Die Brunnenkresse benötigt viel Feuchtigkeit – pflanzt man sie in Töpfen, sollte man Kunststoff-gefäße ohne Wasserabzug wählen. Die frischen, jungen Blätter sowie die Triebspitzen können ganz-jährig, vor allem während der Sommermonate, geerntet werden.

Geschmack und Verwendung:
Brunnenkresse hat ein scharf-bitteres Aroma, das besonders gut zu würzigen Salaten, Suppen, Saucen oder zum Garnieren von Broten passt. I. d. R. wird sie roh verwendet und sollte nicht lange gelagert werden.

Rezepte:
S. 48, 68, 70

DILL
Doldenblütler, einjährig

Dill, eine Pflanze mit kräftigen Stängeln, an denen zarte, feingliedrige Blätter und gelbe Blüten wachsen, erreicht eine Höhe von max. 120 cm.

Anbau, Boden und Ernte:
Die Aussaat kann ab Ende März ins Freie erfolgen. Ebenso kann man Dill – ein sehr pflegeleichtes und anspruchsloses Kraut – auch gut ganzjährig im Haus ziehen. Der Boden sollte humos und mäßig feucht sein, ein Wechsel des Standortes alle 2–3 Jahre ist ratsam. Geerntet werden die Blätter und jungen Stängel sowie Blüten und Samen.

Geschmack und Verwendung:
Dill schmeckt hervorragend in frischen Salaten, Suppen und Fischgerichten (unabdingbar bei Graved Lachs), die getrockneten Samen eignen sich auch gut zum Einlegen von Gurken oder gemörsert in Dressings und Marinaden. Man sollte Dill nicht mitkochen, sondern erst gegen Ende der Garzeit zufügen, damit er nicht an Farbe und Geschmack verliert.

Rezepte:
S. 48, 56, 87, 102

DUFTGERANIE
Storchschnabelgewächs, zumeist mehrjährig

Duftgeranien, die eigentlich Duftpelargonien heißen, haben kleine weiße oder hellrosafarbene Blüten, die genau wie die Blätter einen intensiven Duft verströmen.

Anbau, Boden und Ernte:
Duftgeranien lassen sich über Spitzenstecklinge vermehren. Sie mögen einen hellen, warmen, nicht zu feuchten Standort auf dem Balkon oder der Terrasse und einen sandigen, nährstoffreichen und kalkhaltigen Boden. Zur Überwinterung sollte man sie an einen kühlen, aber frostfreien Ort stellen. Die duftenden Blätter und Blüten kann man das ganze Jahr über ernten.

Geschmack und Verwendung:
Duftgeranien besitzen je nach Sorte ein frisches Minz-, Apfel- oder Zitronenaroma oder haben einen herben bis blumigen Geschmack. Die Blätter und Blüten sollten in der Küche am besten frisch verwendet werden, da sie getrocknet stark an Duftstoffen verlieren. Sie eignen sich besonders gut zum Aromatisieren von Tee oder Gebäck oder zur Dekoration von Speisen.

Rezept:
S. 122

ESTRAGON
Korbblütler, mehrjährig

Estragon hat einen buschigen Wuchs, hellgrüne, längliche Blätter, zarte, gelbgrüne Blüten und wächst bis zu 150 cm hoch. Man unterscheidet Französischen Estragon, der auch als Deutscher Estragon bezeichnet wird, und Russischen Estragon, wobei Ersterer der geschmacksintensivere ist und der Russische eher bitter-herb schmeckt.

Anbau, Boden und Ernte:
Französischen Estragon vermehrt man im Frühsommer über Stecklinge, Russischen sät man im Frühjahr im Haus aus, ab Mai pflanzt man ihn ins Freie um. Der Standort sollte warm und ausreichend feucht sein. Geerntet werden können die Blätter und Triebspitzen von Mai–Oktober.

Geschmack und Verwendung:
Estragon hat einen leicht anisartigen Geschmack und wird in der Küche gern in Salaten, Saucen, Fisch- und Fleischgerichten oder zum Aromatisieren von Essigen und Ölen verwendet. Da er sehr intensiv schmecken kann, sollte man mit Estragon nur in Maßen würzen.

Rezepte:
S. 42, 75, 84

FENCHEL
Doldenblütler, zwei- oder mehrjährig

Fenchel ist eine bis zu 200 cm hoch wachsende Staude mit fedrigen, zarten Blättern und gelben Blüten. Im Gegensatz zum Gemüsefenchel bildet das Fenchelkraut, das ein- oder zweijährig gezogen werden kann, keine Knolle.

Anbau, Boden und Ernte:
Die Aussaat kann ab Ende April an einen warmen Standort ins Freie erfolgen, die Saat sollte ca. 2 cm mit Erde bedeckt werden. Fenchel ist wie Dill relativ anspruchslos, benötigt aber durchlässigen, tiefgründigen, nährstoffreichen Boden, der nicht zu trocken sein sollte. Laufend geerntet werden können die Blätter und Triebspitzen sowie die Samen von August–September. Dafür sollte man das Kraut in die Blüte gehen lassen.

Geschmack und Verwendung:
Fenchel mit seinem feinen anisartigen Geschmack eignet sich gut zum Würzen von Salaten, Saucen, Suppen sowie Fisch- und Kartoffelgerichten. Die Samen werden häufig für Tee oder zum Würzen von selbst gebackenen Broten verwendet.

Rezepte:
S. 42, 87

HIBISKUS
Malvengewächs, zumeist mehrjährig

Hibiskus, auch Eibisch genannt, stammt ursprünglich aus Asien und lässt sich nicht nur als Zimmerpflanze, sondern auch als Strauch im Freien kultivieren. Die auffälligen leuchtenden Blüten gibt es in den unterschiedlichsten Farben von Weiß über Orange bis Pink-Rot.

Anbau, Boden und Ernte:
Hibiskus wird im Frühjahr gepflanzt – am besten kauft man Jungpflanzen, anstatt zu versuchen, ihn selbst zu ziehen. Der Standort sollte sehr hell, aber halbschattig sein, der Boden kalkhaltig, feucht, humos und nährstoffreich. Die Blütezeit reicht von Anfang Juli–September.

Geschmack und Verwendung:
Hibiskusblüten haben ein mildes, leicht süßes und nussig-fruchtiges Aroma und finden in der Küche vor allem Verwendung zum Aromatisieren von Getränken oder zur Dekoration von Salaten oder Süßspeisen wie Sorbets und Cremes. Ein optisches Highlight sind in Eiswürfeln eingefrorene Hibiskusblüten.

Rezept:
S. 125

KERBEL
Doldenblütler, einjährig

Kerbel erreicht eine Höhe von ca. 60 cm. Das stark verzweigt wachsende Kraut bildet weiße Blüten und gefiederte weiche Blätter, die der glatten Petersilie ähneln.

Anbau, Boden und Ernte:
Kerbel sät man ab Ende März ins Freie, dabei sollte man die Samen nur leicht mit Erde bedecken und einen halbschattigen Standort wählen. Der Boden sollte humos, tiefgründig und leicht feucht sein. Die Erntezeit reicht von Mai–August, für eine fortlaufende Ernte sollte man alle drei Wochen nachsäen. Nach 2 Jahren sollte der Standort gewechselt werden. Geerntet werden können die jungen Blätter vor der Blüte.

Geschmack und Verwendung:
Kerbel hat einen frischen Geschmack mit leichtem Anisaroma und passt hervorragend zu Salaten, Dips, Suppen, Saucen, Eier- und Fischgerichten. Man sollte ihn nur frisch verwenden und nicht mitkochen.

Rezepte:
S. 42, 51, 91, 95, 100, 106

KORIANDER
Doldenblütler, einjährig

Koriander wächst ca. 60 cm hoch. Das Gewürzkraut, das an glattblättrige Petersilie erinnert, hat fein verzweigte Stängel mit dunkelgrünen Blättchen und bildet weiße Blüten.

Anbau, Boden und Ernte:
Die Aussaat von Koriander kann ab Ende März an bevorzugt warme Standorte ins Freie erfolgen. Man kann ihn auch ganzjährig im Haus ziehen. Der Boden sollte durchlässig, kalkhaltig und nicht zu trocken sein. Die Erntezeit reicht von Juni–August. Für eine fortlaufende Ernte der jungen Blätter sollte man am besten mehrmals nachsäen. Ebenso kann man die reifen Samen ernten, sobald sie sich bräunlich verfärbt haben und die Pflanze eingetrocknet ist.

Geschmack und Verwendung:
Koriander findet man als Gewürzkraut vor allem in der asiatischen Küche. Die aromatischen Blätter werden nur frisch verwendet und passen hervorragend zu Salaten, Gemüse-, Fleisch- und Fischgerichten, die Samen eignen sich gut zum Würzen von Brot, Gebäck und Saucen.

Rezepte:
S. 42, 45, 67, 70, 87

KORNBLUME
Korbblütler, einjährig

Kornblumen sind krautige Pflanzen, die bis zu 100 cm hoch wachsen. Die körbchenförmigen Blütenstände sind leuchtend blau bis violett gefärbt.

Anbau, Boden und Ernte:
Die Kornblume wurde früher als Unkraut auf Feldern und Äckern bekämpft, heute ist sie eine beliebte Gartenpflanze. Die Aussaat kann bereits im Herbst oder im April ins Freie erfolgen. Dabei sollte man auf einen sonnigen Standort und einen lockeren, nährstoffreichen, trockenen Boden achten. Die Hauptblütezeit reicht von Juni–September.

Geschmack und Verwendung:
Möchte man Kornblumen in der Küche verwenden, sollte man darauf achten, dass man die Echte Kornblume und nicht ihre verwandten Zierarten erntet. Die sich gerade öffnenden frischen Blüten eignen sich z. B. für die Herstellung von Husten- oder Verdauungstee oder zur Dekoration von Salaten und Suppen.

Rezept:
S. 40

KRESSE
Kreuzblütler, einjährig

Kresse, auch Gartenkresse genannt (s. a. Brunnen-kresse, S. 20), wächst i. d. R. ca. 20 cm hoch und hat kleine, geteilte Blätter sowie unscheinbare weiße Blüten.

Anbau, Boden und Ernte:
Die Aussaat von Kresse kann im Haus das ganze Jahr über erfolgen, ins Freie ab April. Der Boden sollte humos und durchlässig sein. Damit man von Mai–Oktober (bzw. ganzjährig im Haus) laufend ernten kann, sollte man regelmäßig nachsäen, da von der Aussaat bis zur Ernte nur ca. 10 Tage vergehen. Ge-erntet werden können die jungen Blätter vor der Blüte, die über den Wurzeln abgeschnitten werden sollten, sowie die Keimlinge.

Geschmack und Verwendung:
Die leicht scharfe Kresse schmeckt gut zu Salaten, Eierspeisen, geräuchertem Fisch, in Brotaufstrichen oder Kräuterquark.

Rezepte:
S. 51, 63, 78

LAVENDEL
Lippenblütler, mehrjährig

Die meisten Lavendelarten wachsen als Strauch oder Halbstrauch und werden durchschnittlich 50–100 cm hoch. Die kleinen, dichten blau-violett- bis lilafarbe-nen Blüten enthalten wie die restlichen Pflanzenteile ätherische Öle und verströmen dadurch einen inten-siven Duft.

Anbau, Boden und Ernte:
Die Anpflanzung von Lavendel kann durch das Setzen von Stecklingen oder durch Aussaat von Juni–Juli erfolgen, wobei die Samen mit nur wenig Erde bedeckt werden sollten und Geduld gefragt ist, da Laven-del erst nach 3–4 Wochen keimt. Dabei ist er recht anspruchslos, robust und bevorzugt einen sonnigen, trockenen Standort. Lediglich Staunässe verträgt er nicht. Die Blütezeit, während der auch die ätheri-schen Öle gewonnen werden, beginnt in den warmen Sommermonaten, etwa ab Anfang Juli. Nach der Blüte sollte man Lavendel zurückschneiden.

Geschmack und Verwendung:
Lavendelblüten haben einen herben, blumigen Geschmack und eignen sich in der Küche, frisch und getrocknet, z. B. für die Zubereitung von Schlaf- oder Beruhigungstee oder zum Aromatisieren von Salaten, Gebäck oder Süßspeisen.

Rezept:
S. 112

LIEBSTÖCKEL
Doldenblütler, mehrjährig

Liebstöckel, wegen seines aromatischen Geschmacks auch Maggikraut genannt, ist eine buschige Staude. Sie kann bis zu 250 cm hoch werden und trägt gefiederte Blätter mit gelben bis hellgrünen Blüten.

Anbau, Boden und Ernte:
Die Aussaat kann ab Ende März ins Freie erfolgen. Liebstöckel benötigt viel Licht, Dünger und ausreichend Wasser. Der Boden sollte wegen der langen Wurzeln tiefgründig, humos und leicht kalkhaltig sein. Die Ernte der jungen Blätter kann laufend von Mai bis zur Krautwelke im Herbst erfolgen.

Geschmack und Verwendung:
Liebstöckel hat einen würzigen, frischen, markanten Geschmack und passt besonders gut zu Fleischgerichten, Suppen, Pilzgerichten, Eintöpfen und dunklen Bratensaucen. Auch getrocknet lassen sich die Blätter sowie die Samen als Würzmittel verwenden.

Rezept:
S. 77

LORBEER
Lorbeergewächs, mehrjährig

Lorbeer, eine immergrüne, buschige Kübelpflanze mit spitz zulaufenden, länglichen, glänzenden Blättern, wird 100–180 cm hoch. Durch den zügigen Wuchs ist ein regelmäßiges Umtopfen in ein größeres Pflanzgefäß notwendig. Formschnitte sollten im März erfolgen.

Anbau, Boden und Ernte:
Will man Lorbeer als Gewürzkraut verwenden, kauft man am besten eine noch unbehandelte Jungpflanze oder man bewurzelt Stecklinge ab Juli–September. Lorbeer benötigt lehmigen und durchlässigen Boden. Die mediterrane Pflanze ist sehr frostempfindlich und sollte hell, luftig und nicht zu trocken bei 0–10 °C überwintern. Die frischen Blätter können laufend geerntet werden.

Geschmack und Verwendung:
Lorbeer gibt frisch oder getrocknet vor allem Fleisch-, Eintopf- und Gemüsegerichten eine herzhafte und würzige Note.

Rezepte:
S. 52, 77

MAJORAN
Lippenblütler, einjährig

Majoran ist ein stark verzweigtes, zierliches Kraut, das bis zu 50 cm hoch wächst. Es trägt kleine graugrüne, samtene Blättchen und bildet kugelige Blütenstände, die hellrosa blühen.

Anbau, Boden und Ernte:
Die Aussaat kann ab März in Saatschalen am Fenster bzw. ins Frühbeet oder ab Mai direkt ins Freie erfolgen. Die Samen sollten nur wenig mit Erde bedeckt werden, da sie zum Keimen Licht benötigen. Weil Majoran recht kälteempfindlich ist, sollte man ihn bei Frost abdecken. Der Boden sollte humos, locker und leicht feucht sein. Die Erntezeit reicht von Juni–September, dann können laufend junge Blätter, Triebspitzen, frisch aufgegangene Blüten und Samen geerntet werden.

Geschmack und Verwendung:
Majoran duftet sehr aromatisch und passt sowohl frisch als auch getrocknet hervorragend zu deftigen Fleisch- und Kartoffelgerichten, zu Suppen und Eintöpfen.

Rezepte:
S. 91, 95

PETERSILIE
Doldenblütler, zweijährig

Petersilie ist ein buschiges, bis zu 30 cm hoch wachsendes Kraut mit frischgrünen krausen oder glatten Blättern. Im zweiten Standjahr bilden sich im Juni gelbliche Doldenblüten.

Anbau, Boden und Ernte:
Der Anbau erfolgt ausschließlich durch Aussaat, ab März ins Frühbeet oder ab April direkt ins Freie. Dabei beträgt die Keimdauer mindestens 3–4 Wochen. Der Boden sollte humos, nährstoffreich und mäßig feucht sein. Petersilie benötigt viel Sonne, verträgt aber keine allzu große Hitze, deshalb sollte man am besten einen halbschattigen Standort wählen und diesen von Jahr zu Jahr wechseln. Die frischen Blätter können von Mitte Mai–November geerntet werden.

Geschmack und Verwendung:
Glatte Petersilie schmeckt etwas aromatischer und ist ein beliebtes Gewürzkraut, während krause Petersilie besonders gern zum Dekorieren verwendet wird. Beide Sorten passen gut zu Salaten, Suppen und Kartoffelgerichten, sollten allerdings nicht mitgekocht, sondern immer erst kurz vorm Servieren zugegeben werden.

Rezepte:
S. 42, 46, 51, 56, 64, 70, 72, 84, 95, 100

PFEFFERMINZE
Lippenblütler, mehrjährig

Pfefferminze ist eine bis zu 90 cm hoch und breit-
buschig wachsende Staude mit kantigen Stängeln,
dunkelgrünen, spitz zulaufenden, fein gezahnten
Blättern und hellen, zarten Blüten. Weitere Minze-
arten sind z. B. Marokkanische Minze, Basilikumminze,
Zitronenminze oder Ananasminze.

Anbau, Boden und Ernte:
Die Aussaat kann ab Ende Mai ins Freie erfolgen, die
Samen sollten mit nur wenig Erde bedeckt werden
und einen warmen Standort haben. Der Boden sollte
humos und ausreichend feucht sein, Staunässe sollte
aber vermieden werden. Die beste Erntezeit ist im
Frühsommer vor der Blüte (von Ende Juni–August),
doch auch im Herbst nach der Blüte können frische
Blätter und Triebspitzen geerntet werden.

Geschmack und Verwendung:
Pfefferminze schmeckt und duftet intensiv nach
Menthol. Sie eignet sich besonders gut zum Würzen
von Süßspeisen oder Fleischgerichten wie Lamm,
aromatisiert Bowlen und Cocktails und wird außerdem gerne frisch oder getrocknet für Erkältungs- oder
Magentee verwendet.

Rezepte:
S. 70, 116

PIMPINELLE
Rosengewächs, mehrjährig

Pimpinelle, auch Kleiner Wiesenknopf genannt, ist
eine buschige Staude, die ca. 40 cm hoch wächst.
Sie trägt immergrüne, gefiederte Blätter und bildet
hellgrüne oder leicht rötliche Blüten.

Anbau, Boden und Ernte:
Die Aussaat kann ab Anfang Mai ins Freie erfolgen,
dabei sollte man die Samen nur leicht mit Erde
bedecken und einen warmen Standort wählen. Der
Boden sollte nährstoffreich, kalkhaltig und leicht
feucht sein. Geerntet werden können laufend die
jungen, zarten Blätter – die älteren werden schnell
hart – sowie die Blüten.

Geschmack und Verwendung:
Pimpinelle hat einen ähnlichen Geschmack wie
Borretsch, schmeckt aber nicht ganz so intensiv
nach Gurke, und findet auch eine entsprechende
Verwendung als Küchenkraut, z. B. in Salaten, Suppen
oder Saucen und Marinaden. Pimpinelle sollte frisch
verwendet und nicht mitgekocht werden.

Rezept:
S. 51

RINGELBLUME
Korbblütler, einjährig

Ringelblumen haben einen krautigen Wuchs und werden bis zu 50 cm hoch. Die aufrechten Stängel tragen lanzettförmige, beharrte Blätter. Die Blütenkörbe sind leuchtend gelb bis orange gefärbt.

Anbau, Boden und Ernte:
Die Aussaat erfolgt ab Ende April ins Freie, sie sollte keinem Bodenfrost ausgesetzt sein. Die Samen werden im Abstand von ca. 20 cm im Boden verteilt und nur mit wenig Erde bedeckt. Ringelblumen stellen keine besonderen Ansprüche an ihren Standort und säen sich i. d. R. im Folgejahr von alleine wieder aus. Die Blütezeit reicht von Juni–Oktober bzw. bis zum ersten starken Frost. Geerntet werden die Blütenköpfe, die vorsichtig vom Stängel abgetrennt werden.

Geschmack und Verwendung:
Die Blütenblätter, die relativ geschmacksneutral sind, eignen sich frisch besonders gut zur Dekoration z. B. von Salaten, schmecken aber auch getrocknet als Gewürz in Suppen oder Saucen.

Rezepte:
S. 40, 48

ROSE
Rosengewächs, mehrjährig

Rosen gibt es in unzähligen Arten, ihre typischen Merkmale sind Stacheln und zumeist fünfzählige, hauchzarte Blütenblätter in den verschiedensten Farben, die den unverwechselbaren Rosenduft verströmen.

Anbau, Boden und Ernte:
Für jede Rosenart gelten spezifische Anforderungen im Anbau. Allen gemeinsam ist die Bevorzugung eines hellen, sonnigen Standortes und eines humosen, sandigen oder lehmigen Bodens. Die Hauptblütezeit reicht bei den meisten Sorten von Juni–August.

Geschmack und Verwendung:
Für die Verwendung in der Küche eignen sich Rosen aus dem Handel nicht, da diese mit Pflanzenschutzmitteln behandelt sind. Einzig naturbelassene Rosenblätter, z. B. aus dem eigenen Garten, sind genießbar, am besten greift man hierfür auf bestimmte Sorten wie die Konditor-, Gallica- oder Moosrose zurück. Neben der Dekoration von Salaten oder anderen Speisen werden Rosen auch gerne kandiert oder zum Aromatisieren von Zucker, Honig oder Essig verwendet.

Rezept:
S. 119

ROSMARIN
Lippenblütler, mehrjährig

Rosmarin, ein immergrüner, buschig und aufrecht wachsender Gewürzstrauch, kann eine Höhe von bis zu 200 cm erreichen, i. d. R. wächst er 50–80 cm hoch. Er hat nadelartige, harte Blätter und bildet hellblaue Blüten.

Anbau, Boden und Ernte:
Vorgezogene Jungpflanzen kann man ab Ende Mai ins Freie setzen. Die Aussaat von Samen, die von Mitte Mai–Juli ins Freie erfolgen kann, gelingt dagegen nicht immer. Ebenso ist bei der Vermehrung über Stecklinge Geduld gefragt. Der Boden sollte trocken und durchlässig, der Standort sonnig sein. Rosmarin ist nur bedingt winterhart, er sollte am besten hell bei max. 10 °C überwintern. Blätter und Zweige können laufend geerntet werden, das beste Aroma erhält man im Sommer. Die Blüten sind ebenfalls genießbar.

Geschmack und Verwendung:
Rosmarin ist vor allem in der mediterranen Küche heimisch und passt, frisch oder getrocknet, gut zu Fisch, Fleisch, Geflügel und Kartoffeln. Außerdem eignet er sich hervorragend zum Aromatisieren von Ölen und Marinaden.

Rezepte:
S. 72, 75, 78, 91, 112

SALBEI
Lippenblütler, mehrjährig

Salbei ist eine buschige, aufrecht wachsende, immergrüne Pflanze, die 50–80 cm hoch wird. Sie bildet grau-grüne, längliche und spitz zulaufende, samtige Blätter und violette Blüten.

Anbau, Boden und Ernte:
Die Aussaat kann ab Mitte Mai direkt ins Freie erfolgen. Man kann aber auch ab April Vorkulturen im Haus ziehen und Salbei ab Juli über Stecklinge vermehren. Der Standort sollte warm und trocken, der Boden durchlässig und kalkhaltig sein. Die jungen Blätter und Triebspitzen können ganzjährig geerntet werden, am aromatischsten sind sie jedoch von Juni–September. Die Blüten sind ebenfalls genießbar.

Geschmack und Verwendung:
Der würzig-herbe Salbei wird frisch oder getrocknet verwendet und passt zu deftigen Speisen, fettreichen Fleischgerichten, da er verdauungsfördernd wirkt, oder herzhaften Suppen. Er eignet sich auch als Gewürz für Saucen oder zum Aromatisieren von Ölen. Als Tee zubereitet, wird ihm eine schweißhemmende Wirkung zugesprochen.

Rezept:
S. 52

SAUERAMPFER
Knöterichgewächs, mehrjährig

Sauerampfer, auch Wiesen- oder Großer Sauerampfer genannt, ist eine Staude mit länglichen und
spitz zulaufenden Blättern, die in freier Natur bis zu
100 cm hoch wachsen kann, im Garten aber eher
30–50 cm hoch wird. Sauerampfer gedeiht häufig als
Wildkraut auf Wiesen oder Weiden, lässt sich aber
auch gut im eigenen Garten anbauen.

Anbau, Boden und Ernte:
Die Aussaat von Sauerampfer erfolgt entweder
im Frühjahr ab Mitte März oder im Spätsommer
für eine frühe Ernte im Folgejahr. Im Frühjahr oder
Herbst lassen sich auch gut Jungpflanzen setzen.
Der Standort sollte sonnig bis halbschattig sein, der
Boden humos und ausreichend feucht. Die frischen,
jungen Blätter schmecken am besten.

Geschmack und Verwendung:
Sauerampfer ist eine beliebte Speise- und Heil-
pflanze mit einem milden, säuerlichen Geschmack.
Die frischen Blätter schmecken vor allem in Salaten,
Dressings oder Suppen. Besonders beliebt ist auch
der rot geaderte Blutampfer, der Speisen nicht nur
geschmacklich, sondern auch optisch aufwertet.
Wegen der im Sauerampfer enthaltenen Oxalsäure
sollte man nicht zu viel davon genießen.

Rezepte:
S. 42, 51; Blutampfer: S. 48, 68

SCHAFGARBE
Korbblütler, mehrjährig

Schafgarbe ist eine buschige Staude, die ca. 50 cm
hoch wächst. Sie trägt fein gefiederte Blätter und
weiße bis hellgelbe Blütendolden.

Anbau, Boden und Ernte:
Wer die häufig auch wild auf Wiesen oder an Weg-
rändern wachsende Schafgarbe im eigenen Garten
anbauen möchte, setzt am besten von April–Mai
Jungpflanzen. Diese sind recht anspruchslos, bevorzugen aber einen trockenen Boden und einen sonnigen Standort. Die Ernte der jungen Blätter und Blüten
kann fortlaufend erfolgen, die Haupterntezeit reicht
von Mai–September.

Geschmack und Verwendung:
Die frischen Blätter und Blüten eignen sich in der
Küche für die Verfeinerung von Suppen, Saucen,
Salaten, Gemüse- oder Kartoffelgerichten und wirken
verdauungsfördernd. Schafgarbe hat auch heilende,
vor allem krampflösende Wirkung und wird getrocknet für die Zubereitung von Tee verwendet.

Rezept:
S. 48

SCHNITTLAUCH
Lauchgewächs, mehrjährig

Schnittlauch wächst dicht in grasartigen Stängeln bzw. Halmen, die hellviolette Blütenköpfe bilden. Er wird bis zu 50 cm hoch.

Anbau, Boden und Ernte:
Die Aussaat kann von Ende März–August ins Freie erfolgen. Schnittlauch ist recht anspruchslos und ihn selbst anzuziehen gelingt fast immer. Der Boden sollte humos, kalk- und nährstoffreich sowie ausreichend feucht sein. Geerntet werden können, i. d. R. von April–November, die Stängel, die vor der Blüte ca. 1 cm über den Zwiebeln abgeschnitten werden sollten, damit sie wieder austreiben, sowie die Blüten.

Geschmack und Verwendung:
Schnittlauch hat einen scharfen, würzigen Geschmack, der die Verwandtschaft zu Knoblauch und Zwiebeln unschwer erkennen lässt. Er sollte immer geschnitten, nicht gehackt werden und eignet sich hervorragend zum Würzen von Suppen, Eierspeisen, Gemüsegerichten, Dips, Kräuterquark und -butter. Seine Blüten machen sich zudem sehr gut als Dekoration, z. B. für Salate.

Rezepte:
S. 42, 48, 51, 56, 64, 77, 84, 95, 100

THYMIAN
Lippenblütler, mehrjährig

Thymian wächst als kleiner, grüner Halbstrauch mit feinen Zweigen und wird 30–40 cm hoch. Er bildet rundliche Blättchen und rosa- und lilafarbene Blüten. Es gibt aber auch buntblättrige Sorten wie den Gelben Zitronenthymian oder langstielige Sorten wie den Kaskadenthymian.

Anbau, Boden und Ernte:
Die Aussaat kann ab Ende April ins Freie erfolgen, dabei sollten die Samen nur angedrückt und nicht mit Erde bedeckt werden. Auch eine Vermehrung über Stecklinge ist möglich. Der Standort sollte warm und trocken sein, der Boden sandig oder steinig. Die Ernte von Blättern und jungen Triebspitzen erfolgt am besten von Mai–September, dann sind sie am aromatischsten. Die Blüten sind ebenfalls genießbar. Im Winter sollte man Thymian mit Reisig abdecken.

Geschmack und Verwendung:
Thymian wird besonders gern in der mediterranen Küche verwendet. Sein würziges Aroma passt hervorragend zu Saucen und Suppen, aber auch zu deftigen Braten und Wild oder Lamm, feinen Gemüse- oder Fischgerichten oder zum Aromatisieren von Ölen. Getrocknet schmeckt er wesentlich intensiver.

Rezepte:
S. 46, 52, 75, 77, 78, 89, 91, 96, 100, 116, 120

WALDMEISTER
Rötegewächs, mehrjährig

Waldmeister ist eine wuchernde Staude mit vielen feinen Stielen, in mehreren Etagen wachsenden Blätterquirlen und kleinen, sternförmigen weißen Blüten. Er wächst ca. 30 cm hoch und findet sich als Wildkraut zumeist in lichten Laubwäldern.

Anbau, Boden und Ernte:
Will man Waldmeister anbauen, sollte man entweder von April–Mai gekaufte Jungpflanzen oder Wurzelausläufer von kräftigeren Pflanzen einsetzen. Waldmeister benötigt einen ausreichend feuchten Standort und einen humosen, nährstoffreichen Boden. Geerntet werden von Mai–Juni die frischen Triebe kurz vor der Blüte, für Tee auch die Triebe mit Blüte.

Geschmack und Verwendung:
Waldmeister wird in der Küche häufig zum Aromatisieren von Getränken wie Bowlen oder Tee, aber auch für Desserts, Sirup, Kompott oder Gelee verwendet. Damit sich das typische Waldmeisteraroma voll entfaltet, sollte man die Triebe etwas anwelken lassen. In geringen Dosen kann Waldmeister Kopfschmerzen lindern, bei überhöhten Dosen jedoch auslösen.

Rezept:
S. 111

ZITRONENMELISSE
Lippenblütler, mehrjährig

Zitronenmelisse ist eine wuchernde, buschig wachsende Staude mit rundlichen frischgrünen Blättern und weißen, gelblichen oder zartrosa Lippenblüten. Sie kann bis zu 100 cm hoch werden.

Anbau, Boden und Ernte:
Die Aussaat kann ab Anfang Mai–Juni direkt ins Freie erfolgen oder ab Februar im Haus am Fenster. Dabei sollten die Samen nur leicht mit Erde bedeckt werden. Die Vermehrung von Zitronenmelisse funktioniert auch durch Teilung größerer Pflanzen. Der Standort sollte hell und nicht zu trocken sein, der Boden humos, tiefgründig und nährstoffreich. Die Ernte der jungen Blätter und Triebspitzen kann laufend, am besten aber vor der Blüte, von Juni–September erfolgen.

Geschmack und Verwendung:
Das intensive Zitronenaroma passt gut zu grünen Salaten, Fisch- und Geflügelgerichten, leichten Saucen, Desserts und frischen Getränken. Man sollte Zitronenmelisse immer erst am Ende zugeben und nicht mitkochen, da sie sonst stark an Aroma verliert.

Rezepte:
S. 116, 120

SNACKS,
DIPS &
FINGER-
FOOD

Wildkräuterstulle
MIT FRISCHKÄSE

FÜR 4 PORTIONEN

. . . .

60 g Wildkräuter nach Verfügbarkeit (z. B. Vogelmiere, Giersch, Spitzwegerich, Hirtentäschel)

15–20 g Blüten nach Verfügbarkeit (z. B. Vogelmiere, Borretsch, Ringelblume, Kornblume)

1 Bund Radieschen

750 g frisches Roggenmischbrot

600 g körniger Frischkäse

Salz, Pfeffer

3 EL Olivenöl

. . . .

 *vegetarisch*

* Die Kräuter abbrausen und trocken schleudern. Blüten vorsichtig in stehendem Wasser waschen und in einem Sieb abtropfen lassen oder nur kopfüber ausschütteln. Die Kräuter und Blüten klein zupfen. Radieschen putzen, vom Grün befreien und in dünne Scheiben schneiden.

* Das Brot aufschneiden und mit dem körnigen Frischkäse bestreichen. Nach Belieben mit Kräutern, Blüten und Radieschen belegen. Die belegten Brote vor dem Servieren mit Salz und Pfeffer würzen und mit Olivenöl beträufeln.

Tipp: Wer es etwas süßer mag, kann statt Frischkäse auch cremigen Ziegenfrischkäse und statt Olivenöl Honig verwenden.

Kräuterbutter

FÜR CA. 10 PORTIONEN

....

200 g gemischte Kräuter
(z. B. Schnittlauch, Estragon,
Petersilie, Sauerampfer, Kerbel)

4 Schalotten

1 Knoblauchzehe

2 TL Koriandersaat

2 TL Senfsaat

½ TL grüner Pfeffer

1 TL Fenchelsaat

2–3 TL Zucker

5–6 EL Sherry

500 g zimmerwarme Butter

Salz

....

 *vegetarisch*

* Die Kräuter abbrausen, trocken schleudern und ganz fein schneiden. Schalotten und Knoblauch schälen und fein würfeln. Die Gewürze in einer Pfanne trocken rösten, anschließend in einem Mörser fein mahlen.

* Eine kleine Pfanne erhitzen. Zucker einstreuen und leicht karamellisieren lassen. Schalotten und Knoblauch zugeben und mit einem Löffel durchrühren. Ebenfalls kurz karamellisieren lassen, dann mit Sherry ablöschen und diesen bei schwacher Hitze einkochen. Die Pfanne vom Herd nehmen und die gemahlenen Gewürze unterrühren. Die Schalottenmischung anschließend in eine Schüssel geben und abkühlen lassen.

* Die weiche Butter bei mittlerer Geschwindigkeit in einer Küchenmaschine oder mit einem Handrührgerät 5 Minuten cremig schlagen.

* Die Schalotten- sowie die Kräutermischung mit einem Gummispachtel unter die Butter heben.

* Mit Salz abschmecken. Die fertige Kräuterbutter in Gläser füllen oder in Frischhaltefolie einrollen. Bis zum Verzehr kalt stellen.

Tipp: Kräuterbutter, die nicht direkt verwendet wird, kann man gut in kleinen Portionen einfrieren und bei Bedarf wieder auftauen.

Asiatische GEMÜSE-TEMPURA

* Für die Tempura Möhren putzen und bei Bedarf schälen. Das Grün bis auf ca. 3 cm abschneiden. Je nach Größe die Möhren längs halbieren. Frühlingszwiebeln putzen und auf 8–10 cm kürzen. Möhren, Mais und Frühlingszwiebeln in siedendem Salzwasser bissfest blanchieren und in kaltem Wasser abschrecken. Anschließend sorgfältig trocken tupfen.

* Für den Mayonnaise-Dip Eigelbe und Senf in einer hohen Schüssel leicht schaumig schlagen. Zuerst tropfenweise, dann in einem dünnen Strahl unter ständigem Rühren das Öl einfließen lassen. Sobald die Mayonnaise das gesamte Öl aufgenommen und eine feste Konsistenz hat, mit Salz, Pfeffer, Limettenabrieb und -saft abschmecken. Den gewaschenen, gehackten Koriander unterheben und die Mayonnaise bis zum Verzehr kalt stellen.

* Für den Ketchup-Dip Schalotten und Ingwer schälen und fein würfeln bzw. reiben. Die Peperoni putzen und hacken, das Thai-Basilikum waschen, trocken schleudern und fein schneiden. Dann alle Zutaten mit dem Ketchup verrühren.

* Das Öl in einen Topf füllen und auf 175–180 °C erhitzen. Tempura-Mehl und Wasser zu einem glatten Teig verrühren. Das Gemüse portionsweise durch den Teig ziehen, leicht am Schüsselrand abstreifen und sofort im heißen Öl goldgelb frittieren. Auf Küchenpapier abtropfen lassen. Das frittierte Gemüse mit Salz und Pfeffer würzen und mit Mayonnaise und Ketchup servieren.

FÜR 4 PORTIONEN

....

FÜR DIE GEMÜSE-TEMPURA:

300 g Bundmöhren

2 Bund Frühlingszwiebeln

120 g Babymais

Salz

Ca. 1,2 l Pflanzenöl zum Frittieren

200 g Tempura-Mehl

Ca. 320 ml eiskaltes Wasser

Pfeffer

....

FÜR DIE DIPS:

2 Eigelb (Größe M)

1 TL milder Senf

300 ml Rapsöl

Salz, Pfeffer

Saft und Abrieb von ½ Limette

½ Bund Koriander

2 Schalotten

8–10 g frischer Ingwer

½ rote Peperoni

1 kleines Bund Thai-Basilikum

120 g Tomatenketchup

....

 *vegetarisch*

Geschmorte Möhren
MIT PETERSILIE

FÜR 4 PORTIONEN

FÜR DIE MÖHREN:

700–800 g Möhren

2–3 EL Olivenöl

3 Knoblauchzehen, angedrückt

6 Zweige Thymian

1 TL Kreuzkümmelsaat

70 ml frisch gepresster Zitronensaft

100 ml Gemüsebrühe

Abrieb von ½ Bio-Zitrone

½ TL Salz

1 TL Zucker

FÜR DIE VINAIGRETTE:

1 Schalotte

1 kleines Bund krause Petersilie

3 EL Weißweinessig

5 EL Olivenöl

2 TL brauner Rohrzucker

Salz, Pfeffer

 *vegan*

✳ Den Backofen auf 200 °C vorheizen. Möhren schälen, längs halbieren und das Grün auf ca. 3 cm kürzen.

✳ Olivenöl in einem Topf erhitzen, Knoblauch, Thymian und Kreuzkümmel darin anschwitzen. Mit Zitronensaft und Gemüsebrühe ablöschen, Zitronenabrieb, Salz und Zucker zugeben und alles einmal aufkochen.

✳ Die Möhren in eine Auflaufform geben und mit dem Gewürzfond übergießen. Alles gut vermengen, sodass sich der Fond gleichmäßig verteilt. Die Auflaufform in den Ofen schieben und die Möhren in 20–30 Minuten garen.

✳ Währenddessen die Schalotte schälen und fein würfeln. Die Petersilie abbrausen, trocken schleudern, die Blättchen von den Stängeln zupfen und fein hacken.

✳ Weißweinessig, Öl und Zucker verrühren, bis sich der Zucker aufgelöst hat. Mit Salz und Pfeffer würzen. Dann die Schalotten und die gehackte Petersilie unter die Vinaigrette rühren. Die Möhren auf einem Teller oder einer großen Platte anrichten und die Vinaigrette über dem Gemüse verteilen.

Tipp: Die Petersilienstängel nicht entsorgen, sondern für den nächsten selbst gekochten Gemüsefond aufbewahren.

Lachs-Tatar

MIT MARINIERTEN WILDKRÄUTERN

FÜR 4 PORTIONEN

....

FÜR DAS LACHS-TATAR:

350 g rohes Lachsfilet ohne Gräten

130 g geräucherter Balik-Lachs

Saft und Abrieb von 1 Bio-Limette

1 Schalotte, geschält und fein gewürfelt

2 TL Olivenöl

Salz, Pfeffer

2 EL Dill, fein gehackt

2 EL Schnittlauch, in feine Röllchen geschnitten

....

FÜR DIE WILDKRÄUTER:

80–100 g gemischte Wildkräuter (z. B. Schafgarbe, Vogelmiere, Blutampfer, junge Brunnenkresse)

2 EL Olivenöl

1 EL Apfelessig

½ Schalotte, geschält und fein gewürfelt

Salz, Pfeffer

Zucker

....

AUSSERDEM:

2 Ringelblüten, die einzelnen Blätter abgezupft

✳ Für das Tatar beide Lachssorten in kleine Würfel schneiden und in einer Schüssel vermengen. Limettensaft und -abrieb, Schalottenwürfel und Olivenöl vorsichtig unterheben. Mit Salz und Pfeffer abschmecken und die frisch geschnittenen Kräuter untermengen.

✳ Die Wildkräuter von den Stängeln zupfen, abbrausen und gründlich trocken schleudern. Olivenöl, Essig und Schalottenwürfel miteinander verrühren und mit Salz, Pfeffer und Zucker würzen. Die Wildkräuter in eine Schüssel geben und mit der Vinaigrette marinieren. Bei Bedarf mit Salz und Pfeffer abschmecken.

✳ Das Tatar zusammen mit den marinierten Wildkräutern anrichten und mit den Blütenblättern bestreuen.

Frankfurter GRÜNE SAUCE

* Die Eier anstechen und in 9 Minuten in siedendem Wasser hart kochen. Sofort in kaltem Wasser abschrecken und auskühlen lassen.

* Die Kräuter abbrausen und gründlich trocken schütteln. Anschließend fein schneiden und die Hälfte davon in einem Mörser zerreiben.

* Saure Sahne und Schmand in einer Schüssel mischen und glatt rühren. Die gehackten und zerriebenen Kräuter unterheben. Mit Salz, Pfeffer, Öl und Essig abschmecken. Die Schüssel abdecken und für 2–3 Stunden kalt stellen.

* Die Eier pellen, fein hacken und mit der Grünen Sauce vermengen. Vor dem Servieren mit etwas Kresse bestreuen.

Tipp: Dazu schmecken Salz- oder Petersilienkartoffeln.

FÜR 4 PORTIONEN

3 Eier (Größe M)

300 g frische Kräuter (Borretsch, Kerbel, Petersilie, Sauerampfer, Pimpinelle, Kresse, Schnittlauch)

200 g saure Sahne

300 g Schmand

Salz, Pfeffer

1 EL Rapsöl

1 EL Weißweinessig

AUSSERDEM:

Etwas Kresse zum Garnieren

 *vegetarisch*

French Toast
MIT TOMATENSUGO

FÜR 4 PORTIONEN

FÜR DAS TOMATENSUGO:

900 g reife Flaschentomaten

3 TL Zucker

1 Lorbeerblatt

4 Zweige Thymian

Salz, Pfeffer

1 TL Olivenöl

FÜR DIE TOASTS:

120 g Rucola

250 g Büffelmozzarella

8 Scheiben Toastbrot

125 g schwarze Oliventapenade

2 Eier (Größe L)

150 ml Vollmilch

Salz, Pfeffer

8 Salbeiblätter

1 kleines Bund Basilikum

2–3 EL Olivenöl

 *vegetarisch*

✴ Den Backofen auf 180 °C (Umluft + Grillstufe) vorheizen. Die Tomaten waschen, trocken tupfen, längs halbieren und die Stielansätze keilförmig herausschneiden. Den Zucker gleichmäßig auf einem Backblech verteilen und die Tomaten mit den Schnittflächen nach unten auf das Blech legen. 20–25 Minuten auf der obersten Schiene rösten, bis sie leicht gebräunt sind. Die Tomaten aus dem Ofen nehmen, etwas abkühlen lassen und häuten.

✴ Die Tomaten samt Saft, Lorbeer und Thymian in einen großen Topf geben und ca. 30 Minuten unter gelegentlichem Rühren dick einkochen. Mit Salz, Pfeffer und Olivenöl würzen. Lorbeerblatt und Thymian entfernen und das Tomatensugo warm halten.

✴ Rucola waschen und trocken schütteln, die Stiele kürzen. Den Mozzarella in 8 Scheiben schneiden.

✴ Die Toastbrotscheiben mit der Tapenade bestreichen. 4 Scheiben Toast mit Rucola und jeweils 2 Scheiben Büffelmozzarella belegen. Die übrigen Scheiben auflegen und leicht andrücken.

✴ Eier und Milch miteinander verquirlen und mit Salz und Pfeffer würzen. Die Kräuter waschen, trocken schütteln und die Blätter fein schneiden. Zur Eimischung geben, mit einem Pürierstab kurz mixen und in einen tiefen Teller füllen. Die Sandwiches einmal in der Kräuter-Ei-Milch wenden.

✴ Eine beschichtete Pfanne erhitzen, etwas Olivenöl zugeben und die Toasts darin nacheinander von beiden Seiten anbraten. Auf Teller verteilen und mit dem Tomatensugo servieren.

Bärlauchpesto

**FÜR 4 PORTIONEN
SPAGHETTI BZW.
3 KLEINE GLÄSER PESTO**

....

FÜR DAS PESTO:

250–300 g Bärlauch

100 g blanchierte Mandeln

60–70 g Pecorino

200–250 ml fruchtiges Olivenöl

Salz, Pfeffer

....

FÜR DIE SPAGHETTI:

400–500 g Spaghetti

Salz

....

AUSSERDEM:

Sterilisierte Schraubgläser

*Olivenöl zum Bedecken der
Pesto-Oberfläche*

....

 vegetarisch

✳ Für das Pesto den Bärlauch waschen, gut trocken schleudern und in feine Streifen schneiden.

✳ Die Mandeln in einer Pfanne oder für 10 Minuten im auf 150 °C vorgeheizten Backofen trocken rösten. Anschließend auskühlen lassen und grob hacken. Den Pecorino fein reiben.

✳ Bärlauch, Mandeln und Pecorino in ein hohes Gefäß geben. Mit einem Stabmixer in Intervallen pürieren und dabei das Öl einfließen lassen. Mit etwas Salz und Pfeffer würzen. Das Pesto in Gläser füllen und die Oberfläche mit Olivenöl bedecken, die Gläser verschrauben. Wird das Pesto nicht gleich verwendet, kühl und dunkel aufbewahren.

✳ Die Spaghetti nach Packungsanleitung in Salzwasser al dente kochen. Abgießen, auf Teller verteilen und mit dem Bärlauchpesto vermengen.

Labskaus MAL ANDERS

FÜR CA. 25 FINGERFOOD-PORTIONEN

....

1 Baguette

4 EL Olivenöl

180 g rote Bete, gegart

130 g festkochende Kartoffel, gegart

1 Schalotte, geschält

50 g kleine Cornichons

1 Ei (Größe M), hart gekocht

60 g gekochter Schinken

2 Matjes-Doppelfilets, geputzt

90–100 g Mayonnaise

Abrieb von ¼ Bio-Zitrone

Salz, Pfeffer

2 TL Himbeeressig

1 EL Dill, fein gehackt

1 EL krause Petersilie, fein gehackt

....

AUSSERDEM:

Dillspitzen und Schnittlauchröllchen
zum Garnieren

✴ Den Backofen auf 180 °C vorheizen. Das Baguette in ca. 25 sehr dünne schräge Scheiben schneiden. Die Brotscheiben auf einem Backblech verteilen, mit etwas Olivenöl beträufeln und im Ofen knusprig backen. Anschließend auskühlen lassen.

✴ Rote Bete, Kartoffel, Schalotte, Cornichons, Ei und Schinken in feine Würfel schneiden und in einer Schüssel mischen. 1 Matjesfilet ebenfalls würfeln und mit Mayonnaise und Zitronenabrieb unterheben. Labskaus mit Salz, Pfeffer und Himbeeressig würzen und 5 Minuten ziehen lassen. Dann Dill und Petersilie untermengen.

✴ Die übrigen Matjesfilets schräg in ca. 25 dünne Streifen schneiden. Aus dem Labskaus mithilfe von zwei Esslöffeln kleine Nocken formen und diese jeweils auf eine Brotscheibe setzen. Mit einem Streifen Matjes belegen und mit Dillspitzen und Schnittlauchröllchen garnieren.

Tipp: Diese Labskausvariante lässt sich auch schön in kleinen Weckgläsern anrichten – die Brotchips dann zum Dippen dazu reichen.

SALATE &
SUPPEN

Löwenzahnsalat
MIT BACHSAIBLING UND KÜRBIS

✳ 2 Tage vorher Zucker, Apfelessig und 300 ml Wasser zusammen mit den Gewürzen aufkochen. Kürbiswürfel zugeben und zugedeckt 3–5 Minuten köcheln lassen. Mit etwas Salz würzen und noch heiß in sterilisierte Einmachgläser füllen. Die Gläser verschließen, abkühlen lassen und im Kühlschrank aufbewahren.

✳ Den Saibling in kleine Stücke schneiden und ca. 15 Minuten ins Gefrierfach stellen. Anschließend in einen Mixer geben, mit Salz und Pfeffer würzen und in kurzen Intervallen pürieren, währenddessen die Sahne und das Eiweiß zufügen. So lange mixen, bis eine glatte, homogene Farce entsteht. Erneut abschmecken, in einen Spritzbeutel füllen und kalt stellen.

✳ Den Ofen auf 150 °C vorheizen. Die Äpfel waschen, je einen 1,5 cm dicken Deckel abschneiden und mit einem Kugelausstecher entkernen bzw. aushöhlen. Mit den Mangoldblättern auskleiden und diese rundherum 3 cm überstehen lassen. Die Farce in die ausgekleideten Äpfel füllen, die überstehenden Mangoldblätter umklappen und leicht andrücken. Die Deckel aufsetzen und mit Küchengarn zu einem Päckchen binden. Die Äpfel in eine Auflaufform geben, 20 Minuten backen, die Temperatur auf 180 °C erhöhen und die Äpfel in weiteren 5 Minuten fertig garen.

✳ Löwenzahn in grobe Stücke, Radieschen in feine Scheiben schneiden. 12 Esslöffel Kürbiswürfel abseihen. Olivenöl, 3 Esslöffel der Kürbismarinade und den Apfelessig verrühren, mit Salz und Pfeffer würzen. Den Salat auf Tellern anrichten, Kürbis, Radieschen und Studentenblüten darauf verteilen, mit der Vinaigrette marinieren und mit den Äpfeln servieren.

FÜR 3–6 PORTIONEN

FÜR DEN BACHSAIBLING:

250 g Bachsaiblingfilet ohne Gräten

Salz, Pfeffer

200 g eiskalte Sahne

2 Eiweiß

6 Äpfel (z. B. Elstar)

6 große Mangoldblätter, blanchiert, ohne Stiel und Mittelstrunk

FÜR DEN SALAT:

100–150 g Löwenzahn, gewaschen

1 Bund Radieschen, geputzt

3 EL Olivenöl

1 EL Apfelessig

Salz, Pfeffer

5 Studentenblüten (Tagetes)

FÜR DEN KÜRBIS:

150 g Zucker

150 ml Apfelessig

1 TL Gewürznelken

1 TL weiße Pfefferkörner

2 Sternanis

1 Stange Zimt

1 kg Muskatkürbis, geschält und klein gewürfelt

Salz

Chicorée-Rahmsuppe
MIT GARTENKRESSE

✳ Die Schalotten schälen und in feine Streifen schneiden.
100 g Butter in einem großen Topf mit schwerem Boden
zerlassen und die Schalotten darin farblos anschwitzen.

✳ Den Chicorée verlesen, längs halbieren und den Strunk keilförmig herausschneiden. Chicorée in feine Streifen schneiden
und zusammen mit den Schalotten ca. 5 Minuten dünsten.
Mit Weißwein ablöschen und diesen kurz einkochen lassen.
Mit Gemüsebrühe und Sahne auffüllen, braunen Zucker zufügen
und die Suppe bei mittlerer Hitze ca. 10 Minuten kochen.
Anschließend fein pürieren und mit Salz, Pfeffer und weiteren
50 g Butter abschmecken. Erneut durchmixen.

✳ Die Haselnüsse im auf 150 °C vorgeheizten Ofen ca. 10 Minuten
trocken rösten. Dann auskühlen lassen und grob zerstoßen.
Die Äpfel waschen, trocken tupfen, halbieren, entkernen und
in Würfel schneiden. Die übrigen 30 g Butter in einer Pfanne
zerlassen. Die Äpfel darin anbraten und mit Calvados ablöschen.

✳ Haselnüsse und Äpfel miteinander mischen, die Kresse abzupfen.
Die heiße Suppe auf Teller verteilen und mit Nüssen, Äpfeln und
Kresse servieren.

FÜR 4 PORTIONEN

120 g Schalotten

180 g Butter

650 g Chicorée

130 ml trockener Weißwein

250 ml Gemüsebrühe

350 ml Sahne

25 g brauner Rohrzucker

Salz, Pfeffer

AUSSERDEM:

*70 g Piemonteser Haselnüsse,
geschält*

2 rotschalige Äpfel

Etwas Calvados zum Ablöschen

2 Kästchen Gartenkresse

 *vegetarisch*

Kräuter-BROTSALAT

FÜR 4 PORTIONEN

300 g Weißbrot vom Vortag
(z. B. Ciabatta oder Baguette)

8 EL Olivenöl, plus ggf. etwas extra

1 rote Paprikaschote

2 Zucchini (ca. 300 g)

4 Frühlingszwiebeln

200 g Kirschtomaten

3 EL Kapern

100 g schwarze Kalamata-Oliven,
entsteint

Zucker

Salz, Pfeffer

Weißweinessig nach Belieben

1 Bund Schnittlauch

1 Bund glatte Petersilie

 *vegan*

✳ Den Backofen auf 200 °C vorheizen. Das Weißbrot in grobe Würfel schneiden, auf einem Backblech verteilen und mit 5 Esslöffeln Olivenöl mischen. Die Brotwürfel ca. 10 Minuten im heißen Ofen knusprig backen. Anschließend auskühlen lassen.

✳ Paprika und Zucchini putzen und in kleine Würfel schneiden. Frühlingszwiebeln ebenfalls putzen und in Ringe schneiden. Kirschtomaten waschen, trocken tupfen und halbieren.

✳ Das restliche Olivenöl in einer Pfanne erhitzen und Paprika und Zucchini darin bissfest braten. Das gebratene Gemüse in eine große Schüssel geben und mit Frühlingszwiebeln, Tomaten, Kapern und Oliven vermengen. Mit Zucker, Salz, Pfeffer und Weißweinessig würzen.

✳ Die Kräuter abbrausen, trocken schütteln und klein schneiden. Zusammen mit den Brotwürfeln unter den Salat heben. Bei Bedarf mit ein paar weiteren Esslöffeln Olivenöl marinieren. Den Salat vor dem Servieren mindestens 10 Minuten ziehen lassen.

Kokossüppchen
MIT GARNELEN

✳ Die Hühnerbrühe mit der Kokosmilch aufkochen. 2 Esslöffel Sesamöl in einem großen Topf mit schwerem Boden erhitzen. Schalotten, Ingwer, Zitronengras, Chili und Knoblauch darin kräftig anbraten. Zucker zugeben, leicht karamellisieren lassen und mit dem Hühner-Kokos-Fond ablöschen.

✳ Koriander abbrausen, trocken schütteln, die Hälfte der Blättchen grob schneiden und zur Suppe geben. Einmal aufkochen, den Deckel auflegen, die Temperatur reduzieren und die Suppe 10 Minuten ziehen lassen. Die übrigen Korianderblättchen in mundgerechte Stücke zupfen und für die Garnitur beiseitelegen.

✳ Möhren schälen und in dünne Scheiben schneiden. Chinakohl putzen und in dünne Streifen schneiden. Pak-Choi-Blätter vom Strunk trennen und ebenfalls fein schneiden. Die Garnelen je nach Größe halbieren oder dritteln.

✳ Die Suppe durch ein feines Sieb gießen und mit Fisch- und Sojasauce abschmecken. Bei Bedarf mit etwas Salz und Pfeffer würzen. Die Suppe warm halten.

✳ Das restliche Sesamöl in einer großen Pfanne erhitzen, die Garnelen darin scharf abraten. Zunächst die Möhren, den Kohl und dann den Pak Choi zugeben und kurz mitbraten. Das Gemüse sollte sehr knackig bleiben. Mit Salz und Pfeffer würzen.

✳ Die Limette halbieren und den Saft in die Suppe pressen. Gemüse und Garnelen auf Schüsseln verteilen und mit der heißen Suppe aufgießen. Mit Korianderblättchen bestreuen.

FÜR 4–6 PERSONEN

400 ml kräftige Hühnerbrühe

600 ml ungesüßte Kokosmilch

4 EL Sesamöl

2 Schalotten, geschält und fein geschnitten

30 g Ingwer, geschält und in Scheiben geschnitten

1 Stange Zitronengras, angedrückt

½ Chilischote, geputzt und fein geschnitten

3 Knoblauchzehen, angedrückt

1 EL Zucker

1 Bund Koriander

200 g junge Bundmöhren

130 g Chinakohl

150 g Mini-Pak-Choi

300 g geputzte Garnelen

1–2 EL Fischsauce

2 EL salzreduzierte Sojasauce

Salz, Pfeffer

1 Limette

Wildkräuter-Blüten-SALAT

FÜR 4 PORTIONEN

150–200 g Wildkräuter nach
Verfügbarkeit (z. B. Blutampfer,
junge Brunnenkresse, Spitzwegerich,
Löwenzahn, Kapuzinerblätter)

150 g Himbeeren

6–8 EL Olivenöl

2 EL Himbeeressig

Salz, Pfeffer

1 Prise Zucker

125 g Ziegenfrischkäse

Ca. 40 g gemischte Blüten
(z. B. Sonnenblumenblüten,
Kapuzinerblüten, Blüten vom
Schnittknoblauch)

 *vegetarisch*

✳ Die Wildkräuter verlesen, waschen, trocken schleudern und
in kleine Stücke zupfen. Die Himbeeren vorsichtig waschen und
abtropfen lassen.

✳ Den Salat auf Tellern verteilen. Olivenöl und Essig in einer kleinen
Schüssel verrühren, mit Salz, Pfeffer und Zucker abschmecken.

✳ Den Ziegenkäse in kleinen Flocken auf den Wildkräutern
verteilen, die Himbeeren darüberstreuen. Jeden Salatteller mit
etwas Vinaigrette beträufeln. Die Blütenblätter von den Knospen
zupfen bzw. kleine Blütensorten wie den Schnittknoblauch oder
die Kapuzinerblüten im Ganzen auf dem Salat verteilen.

Couscous
MIT BRUNNENKRESSE, MINZE UND KORIANDER

FÜR 4–6 PORTIONEN

Salz

240 g Instant-Couscous

150 ml Olivenöl, plus 4 EL extra

Je 1 gelbe, rote und grüne
Paprikaschote

1 Zucchini

2 Flaschentomaten

1 Bund Minze

1 Bund glatte Petersilie

1 kleines Bund Koriander

1 großes Bund Brunnenkresse

50 g Rosinen

Saft und Abrieb von 1 Bio-Zitrone

Pfeffer

Kreuzkümmel

Zimt

Paprikapulver (rosenscharf)

2 EL Pistazienkerne, geschält
und zerstoßen

 vegan

✳ Ca. 360 ml Wasser (je nach Couscous-Packungsanleitung)
in einen weiten Topf füllen, leicht salzen und aufkochen. Den
Couscous einrühren, abdecken, vom Herd nehmen und ca.
5 Minuten quellen lassen. Anschließend auf einem Backblech
verteilen, mit 4 Esslöffeln Olivenöl marinieren und etwas
auflockern. Den Couscous auskühlen lassen und in eine große
Schüssel füllen.

✳ Gemüse und Kräuter waschen und trocken tupfen. Die Rosinen
in Wasser einweichen und beiseitestellen. Paprika und Zucchini
putzen und in sehr feine Würfel schneiden. Die Tomaten kreuzweise einschneiden, vom Stielansatz befreien und in siedendem
Wasser 8–10 Sekunden blanchieren. Dann kalt abschrecken und
häuten. Die Tomaten vom Kerngehäuse befreien und fein würfeln.
Das vorbereitete Gemüse unter den Couscous heben.

✳ Minz-, Petersilien- und Korianderblätter von den Stängeln zupfen.
Jeweils die Hälfte fein hacken und unter den Salat heben. Die
Brunnenkresse verlesen und mit den gezupften Kräutern in einer
Schüssel mischen.

✳ Rosinen abgießen und unter den Couscous heben. Den Salat
mit Zitronensaft und -abrieb, ca. 100 ml Olivenöl, Salz, Pfeffer,
Kreuzkümmel, Zimt und Paprikapulver nach Belieben abschmecken. Pistazien unterheben. Den Salat ca. 10 Minuten ziehen
lassen und bei Bedarf nachwürzen. Die Kräutermischung mit dem
übrigen Olivenöl marinieren. Den Couscous-Salat in Gläsern oder
Schüsseln anrichten und die Kräuter daraufsetzen.

Mediterraner BOHNENSALAT

FÜR 4–6 PORTIONEN

....

200 g Borlotti-Bohnen

200 g weiße Riesenbohnen

Salz

4 Flaschentomaten

200 g Prinzessbohnen

200 g breite Bohnen

2 weiße Zwiebeln

2 Knoblauchzehen

3 Stängel Bohnenkraut

2 Zweige Rosmarin

1 kleines Bund glatte Petersilie

100 ml Olivenöl, plus etwas extra

Weißweinessig nach Belieben

Abrieb von 1 Bio-Zitrone

Pfeffer

....

 *vegan*

✳ Borlotti- und Riesenbohnen getrennt voneinander über Nacht (ca. 12 Stunden) in kaltem Wasser einweichen. Das Einweichwasser am nächsten Tag abgießen. Die Bohnen getrennt voneinander in Salzwasser zum Kochen bringen und in 50–60 Minuten bissfest garen. Bohnen abgießen, kalt abschrecken und in einem Sieb auskühlen lassen.

✳ Die Tomaten kreuzweise einschneiden und vom Strunk befreien. In siedendem Wasser 8–10 Sekunden blanchieren, dann sofort kalt abschrecken. Die Tomaten häuten und das Fruchtfleisch in Stücke schneiden.

✳ Die Prinzess- sowie die breiten Bohnen ebenfalls in Salzwasser bissfest blanchieren, dann abschrecken und klein schneiden. Alle Bohnen und Tomaten in eine große Schüssel geben.

✳ Die Zwiebeln schälen, halbieren und in feine Streifen schneiden. Knoblauch schälen und in feine Würfel schneiden. Bohnenkraut, Rosmarin und Petersilie abbrausen, trocken schütteln, die Blätter von den Stängeln bzw. Zweigen zupfen und fein hacken.

✳ Olivenöl in einer Pfanne erhitzen, Zwiebeln und Knoblauch zugeben und farblos anschwitzen. Die Kräuter zufügen und gut durchschwenken. Alles zu den Bohnen in die Schüssel geben und untermengen. Mit etwas Essig, Zitronenabrieb, Salz und Pfeffer würzen. Bei Bedarf mit etwas Olivenöl abschmecken. Den Salat mindestens 1 Stunde durchziehen lassen, dabei gelegentlich umrühren.

Weisser TOMATEN-CAPPUCCINO

* Die Tomaten mit dem Saft sehr fein pürieren und anschließend durch ein feines Sieb passieren. Den aufgefangenen Saft durch ein feuchtes, sauberes Passiertuch (oder ersatzweise durch ein großes Küchenhandtuch, das ohne Waschmittel und Weichspüler gereinigt wurde) pressen. Den aufgefangenen Tomatensaft in einen großen Topf gießen und mit den Eiweißen verschlagen. Knoblauch, Basilikum und Estragon zugeben.

* Den Tomatenfond bei schwacher Hitze aufkochen, für 2 Minuten köcheln lassen. Den Topf vom Herd nehmen und die Flüssigkeit weitere 4 Minuten ziehen lassen. Das geronnene Eiweiß setzt sich nun am Topfboden ab. Den geklärten Tomatenfond durch ein Passiertuch pressen und auffangen.

* Den Backofen auf 70–80 °C (Umluft) vorheizen. In einem kleinen Topf das Olivenöl leicht erhitzen (auf ca. 60 °C), Thymian, Rosmarin, Sternanis und Kirschtomaten zugeben. Mit Salz und Pfeffer würzen. Den Topf für ca. 10 Minuten in den Ofen stellen. Dann wieder herausnehmen und die Tomaten bis zur Verwendung ziehen lassen.

* Den klaren Tomatenfond in einen sauberen Topf gießen, Sahne und Crème double zugeben und erneut aufkochen. Mit Salz und Pfeffer abschmecken. Die Gläser zu ⅔ mit der heißen Suppe füllen.

* Die übrige Suppe in einem kleinen Topf mit einem Stabmixer schaumig aufmixen. Den luftigen Schaum mit einem Esslöffel auf die Suppe geben. Die Kirschtomaten auf Holzspieße stecken und mit dem Tomaten-Cappuccino servieren.

FÜR 4–6 PORTIONEN

....

2,6 kg geschälte Tomaten (Dose)

3 Eiweiß

1 Knoblauchzehe, angedrückt

2 Stängel Basilikum, grob gehackt

2 Stängel Estragon, grob gehackt

150 ml fruchtiges Olivenöl

3 Zweige Thymian

2 Zweige Rosmarin

1 Sternanis

150 g Kirschtomaten

Salz, Pfeffer

100 ml Sahne

250 g Crème double

....

AUSSERDEM:

4–6 Holzspieße

....

 *vegetarisch*

Pikantes
SAUERKRAUT-SÜPPCHEN

✳ Das Sauerkraut mit kaltem Wasser abbrausen und in einem Sieb abtropfen lassen, dann auseinanderzupfen oder klein schneiden. Die Zwiebeln schälen und in feine Streifen schneiden. Die Chilischoten putzen, längs halbieren, von Samen befreien und in feine Streifen schneiden.

✳ Den Speck mit dem Butterschmalz in einem großen Topf anbraten, Zwiebeln und Chili zufügen und darin glasig dünsten. Das Tomatenmark zugeben und mitschwitzen. Sauerkraut zufügen und kurz mitdünsten, dann mit Weißwein ablöschen. Das Gewürzsäckchen zugeben und die Gemüsebrühe angießen. Den Topf zudecken und die Suppe 15–20 Minuten bei mittlerer Hitze köcheln lassen.

✳ Schnittlauch und Liebstöckel abbrausen und trocken schütteln. Schnittlauch in feine Röllchen schneiden und beiseitestellen. Liebstöckel fein hacken und zur Suppe geben. Kurz vor Ende der Garzeit den Apfel waschen, trocken tupfen, vierteln, entkernen und in feine Streifen schneiden. Das Kräutersäckchen entnehmen.

✳ Die Suppe mit Salz, Kümmel und Cayennepfeffer würzen und mit Crème fraîche, Apfel und Schnittlauch garnieren.

Tipp: Als Gewürzsäckchen lassen sich gut Tee- oder Kaffeefilter verwenden. Den Filter mit den gewünschten Gewürzen füllen und mit Küchengarn verschnüren.

FÜR 4 PORTIONEN

400 g Sauerkraut

2 kleine weiße Zwiebeln

2 rote Chilischoten

150 g geräucherter Bauchspeck, gewürfelt

1 EL Butterschmalz

2 TL Tomatenmark

200 ml Weißwein

1 Gewürzsäckchen (1 Lorbeerblatt, 2 Wacholderbeeren, ½ TL weiße Pfefferkörner, 2 Zweige Thymian)

1,5 l Gemüsebrühe

1 Bund Schnittlauch

1 kleines Bund Liebstöckel

1 süßer Apfel

Salz

Gemahlener Kümmel

Cayennepfeffer

4 TL Crème fraîche

Gebratene Salatherzen

FÜR 4 PORTIONEN

FÜR DIE SALATHERZEN:

6 Romana-Salatherzen

Ca. 2 EL Butterschmalz

Salz, Pfeffer

FÜR DAS DRESSING:

1 Knoblauchzehe

2 Eigelb

2 EL milder Senf

3–4 EL Weißweinessig

1–2 TL Zucker

12 EL Rapsöl

Salz, Pfeffer

FÜR DIE CROÛTONS:

4 Zweige Rosmarin

4 Zweige Thymian

6 Scheiben Toastbrot

2–3 EL Butter

AUSSERDEM:

1 Schälchen Gartenkresse

 *vegetarisch*

✳ Für das Dressing Knoblauch schälen, halbieren und in feine Würfel schneiden. Eigelbe, Senf, 100 ml Wasser, Essig und Zucker in einen hohen Rührbecher geben und mit einem Pürierstab mixen, dabei das Rapsöl in einem dünnen Strahl zugießen. Das Dressing mit Salz und Pfeffer abschmecken und den Knoblauch unterrühren. Bis zur Verwendung kalt stellen.

✳ Die Salatherzen verlesen, längs halbieren und unter fließendem Wasser abbrausen. Abtropfen und auf Küchenpapier trocknen lassen.

✳ Für die Croûtons Rosmarin und Thymian abbrausen, trocken schütteln und die Nadeln bzw. Blättchen fein hacken. Das Toastbrot grob würfeln. Eine Pfanne erhitzen und die Butter darin zerlassen. Das Brot zugeben und goldgelb ausbacken, dabei die Kräuter zufügen.

✳ Die Croûtons auf Küchenpapier abtropfen lassen, die Pfanne trocken auswischen und erneut auf den Herd stellen. Butterschmalz darin zerlassen, die Salatherzen von beiden Seiten 1–1,5 Minuten anbraten. Mit Salz und Pfeffer würzen.

✳ Die gebratenen Salatherzen auf Teller verteilen und zusammen mit dem Dressing und den Croûtons servieren. Gartenkresse abschneiden und den Salat damit bestreuen.

Blumenkohlsalat
MIT FRITTIERTEM BASILIKUM

FÜR 4 PORTIONEN

....

*800 g gemischter Blumenkohl
(z. B. weißer und violetter)*

Salz

100 g Portulak

40 g roter Rucola

600 ml Pflanzenöl zum Frittieren

30 g junges Basilikum

*40 g rotes Basilikum mit Blüten
(am besten im Topf)*

*Saft und Abrieb von ½ großen
Bio-Zitrone*

4 EL fruchtiges Olivenöl

Pfeffer

....

 vegan

✳ Beide Blumenkohlsorten in kleine Röschen teilen und getrennt voneinander in siedendem Salzwasser bissfest blanchieren, dabei mit den weißen Röschen beginnen. Den Blumenkohl sofort in Eiswasser abschrecken und anschließend in einem Sieb abtropfen lassen. Portulak und Rucola verlesen, waschen und trocken schleudern.

✳ Das Pflanzenöl in einem Topf auf ca. 170 °C erhitzen. Die Basilikumblätter und -blüten von den Stängeln zupfen, die Blüten beiseitelegen. Die Blätter nacheinander im heißen Fett frittieren, abschöpfen und auf Küchenpapier abtropfen lassen. Sofort mit Salz würzen.

✳ In einer großen Schüssel den Blumenkohl mit dem Salat mischen, mit Zitronensaft und -abrieb, Olivenöl, Salz und Pfeffer würzen und alles gut vermengen. Den Salat auf Tellern anrichten und mit frittierten Basilikumblättern und den Blüten garnieren.

FLEISCH
FISCH &
GEMÜSE

Serviettenknödel
MIT RAHMGEMÜSE

FÜR 4–6 PORTIONEN

....

FÜR DIE KNÖDEL:

80 g Butter, plus 2–3 EL extra

1 Zwiebel, geschält und fein
gewürfelt

1 Bund glatte Petersilie, gehackt

Ca. 7 altbackene Semmeln

150 ml Milch

Muskat, frisch gerieben

Salz, Pfeffer

3 Eier (Größe L)

....

FÜR DAS RAHMGEMÜSE:

ca. 900 g Gemüse nach Belieben

Salz

50 g Butter

1 kleine weiße Zwiebel, geschält
und gewürfelt

300 ml Gemüsefond

100 ml Sahne

1 EL Mehl

125 g Crème double

Pfeffer, Muskat

2–3 Zweige Estragon

1 Bund Schnittlauch

....

 *vegetarisch*

✴ Die Butter zerlassen und die Zwiebel darin glasig schwitzen.
Petersilie zugeben und kurz mitschwitzen. Die Semmeln 2 cm
groß würfeln und die Mischung darüber verteilen. Die Milch
einmal aufkochen und mit Muskat, Salz und Pfeffer würzen. Ebenfalls mit den Semmelwürfeln vermengen und diese ca. 15 Minuten
einweichen lassen. Die Eier in einer Schüssel verquirlen und mit
der Semmelmasse mischen, bei Bedarf nachwürzen.

✴ Ein großes Stück Frischhaltefolie auf der Arbeitsfläche ausbreiten. Aus der Knödelmasse mit angefeuchteten Händen
auf der Folie eine dicke Rolle formen und diese stramm einrollen,
die Enden verknoten. Mit einem Zahnstocher rundherum mehrmals einstechen. Die Rolle in Alufolie wickeln und an den Enden
zusammendrehen. Wasser in einem großen Topf aufkochen, die
Rolle hineingeben und bei niedriger Temperatur ca. 45 Minuten
sieden lassen. Anschließend herausnehmen.

✴ Das geputzte, in mundgerechte Stücke geschnittene Gemüse
in leicht gesalzenem Wasser nacheinander bissfest blanchieren.
Dann kurz in kaltem Wasser abschrecken, abgießen und abtropfen lassen. Die Butter in einem großen Topf zerlassen und
die Zwiebel glasig schwitzen. Gemüsefond und Sahne zugießen
und einmal aufkochen. Mehl unterrühren und erneut aufkochen.
Crème double einrühren und die Sauce mit Salz, Pfeffer und etwas Muskat würzen. Gemüse und die fein geschnittenen Kräuter
zugeben und ca. 3 Minuten köcheln lassen. Das Rahmgemüse
warm halten.

✴ Serviettenknödel aus der Folie nehmen und in ca. 2,5 cm dicke
Scheiben schneiden. 2–3 Esslöffel Butter in einer großen Pfanne
zerlassen und die Scheiben darin goldgelb nachbraten. Das
Gemüse mit den Knödeln auf Tellern anrichten und servieren.

Gebeizter
LACHS MIT DILL

✳ Salz und Zucker in einer Schüssel mischen. Die Gewürze in einer Pfanne bei mittlerer Hitze trocken anrösten, abkühlen lassen und in einem Mörser grob zerstoßen. Die Gewürze dann mit der Salz-Zucker-Mischung vermengen.

✳ ⅓ der Beize auf einem Backblech ausstreuen, das Lachsfilet darauflegen und die übrige Beize gleichmäßig auf dem Lachs verteilen. Den Dill abbrausen, trocken tupfen, die Blättchen fein schneiden und gleichmäßig auf dem Lachs verteilen.

✳ Das Blech mit Frischhaltefolie abdecken. Mit einem weiteren Blech oder einem Küchenbrett und einem Topf beschweren. Den Lachs 24 Stunden kalt stellen, dann wenden, erneut abdecken und beschweren und für weitere 12 Stunden kalt stellen.

✳ Die Kräuter und Gewürze anschließend mit dem Messerrücken abkratzen und den Lachs mit Küchenpapier trocken tupfen. Nach Belieben in dünne Scheiben aufschneiden.

Tipp: Hierzu einen selbst gemachten Gurken- oder Kartoffelsalat oder Folienkartoffeln mit Kräuterquark servieren.

FÜR 1,5 KG LACHS

150 g mittelgrobes Meersalz

70 g brauner Rohrzucker

1 Sternanis

1 EL schwarze Pfefferkörner

1 EL Koriandersaat

2 Pimentkörner

½ EL Fenchelsaat

2 Wacholderbeeren

2 Nelken

1,5 kg frisches Lachsfilet mit Haut, grätenfrei

1 großes Bund Dill

Maispoularde
MIT ZITRONEN-RISOTTO

＊ Für den Schaum ½ Bund Basilikum kurz in siedendem Wasser blanchieren, sofort in Eiswasser abschrecken, abtropfen lassen und gut ausdrücken. Blanchiertes sowie übriges Basilikum fein hacken. Geflügelfond und Sahne aufkochen, Basilikum zufügen und mit einem Stabmixer fein pürieren. Mit Salz und Pfeffer abschmecken und den Topf vom Herd nehmen. Kurz vor dem Servieren die Sauce leicht erhitzen und mit der kalten Butter schaumig aufmixen.

＊ Für das Risotto die Zwiebel schälen und fein würfeln. Öl in einem Topf erhitzen, Zwiebel, Knoblauch und Thymian darin glasig anschwitzen. Reis zugeben und unter Rühren ca. 1 Minute farblos mitschwitzen. Mit Weißwein ablöschen und leicht einkochen lassen. ⅓ der Gemüsebrühe zugeben und bei mittlerer Hitze unter Rühren einkochen. Nach und nach die übrige Brühe zugeben und das Risotto in ca. 25 Minuten bissfest garen. Mit Zitronensaft und -abrieb, Salz und Pfeffer abschmecken.

＊ Das Risotto vom Herd nehmen, Butterwürfel und Parmesan einrühren und den Thymian entfernen.

＊ Den Backofen auf 160 °C (Umluft) vorheizen. Die Maispoularden-brüste mit Salz und Pfeffer würzen. Butterschmalz in einer ofen-festen Pfanne erhitzen und die Filets mit der Hautseite zuerst von jeder Seite ca. 2 Minuten bei mittlerer Hitze anbraten. Den Thymian zugeben und die Pfanne in den Ofen stellen. Die Mais-poulardenbrüste in 8–10 Minuten fertig garen.

＊ Das Geflügel aus dem Ofen nehmen, kurz ruhen lassen und dann in dünne Tranchen schneiden. Das Risotto auf Tellern anrichten, die Tranchen aufsetzen und mit aufgeschäumter Basilikumsauce servieren.

FÜR 4 PORTIONEN

FÜR DIE MAISPOULARDE:

2 Maispoulardenbrüste

Salz, Pfeffer

1 TL Butterschmalz

4 Zweige Thymian

FÜR DAS RISOTTO:

1 kleine weiße Zwiebel

2 EL Olivenöl

1 Knoblauchzehe, angedrückt

4 Zweige Zitronenthymian

200 g Risottoreis

100 ml Weißwein

Ca. 800 ml warme Gemüsebrühe

2–3 EL Zitronensaft

Abrieb von 1 Bio Zitrone

Salz, Pfeffer

50 g kalte Butter, in Würfeln

50 g Parmesan, frisch gerieben

FÜR DEN SCHAUM:

1 Bund Basilikum

125 ml Geflügelfond

120 ml Sahne

Salz, Pfeffer

50 g kalte Butter, in Würfeln

Gefüllte KRÄUTER-CRÊPES

* Alle Zutaten für die Crêpes bis auf die Kräuter zu einem glatten Teig verrühren. Den Teig durch ein feines Sieb passieren, die gehackten Kräuter zugeben und kurz mit einem Stabmixer pürieren. Den Teig abdecken und im Kühlschrank 20 Minuten ruhen lassen.

* Eine beschichtete Pfanne (26 cm) erhitzen und ein wenig Butter darin zerlassen. Mit einer Kelle etwas Teig in die Pfanne geben, durch Kippen gleichmäßig verteilen und bei mittlerer Hitze bei einmaligem Wenden ausbacken. Insgesamt aus dem Teig 6 Crêpes backen und diese zwischen Backpapier auskühlen lassen.

* Den Backofen auf 160 °C vorheizen. Das Gemüse putzen bzw. schälen, in Würfel schneiden und getrennt voneinander aufbewahren. Das Olivenöl in einem großen Topf erhitzen, Zwiebel- und Knoblauchwürfel glasig dünsten. Dann nacheinander Zucchini, Auberginen, Paprika, frische und getrocknete Tomaten zugeben und bissfest anschwitzen. Tomatenmark, halbierte Oliven und Thymian zufügen und die Brühe angießen. Alles 5 Minuten köcheln lassen und mit Salz und Pfeffer würzen.

* Die Crêpes nebeneinander ausbreiten, das Gemüse jeweils mittig darauf verteilen. Den Feta gleichmäßig auf dem Gemüse zerbröseln, die Crêpes einrollen und in eine Auflaufform legen. Mit 2 Esslöffeln Olivenöl beträufeln und für 5 Minuten in den Backofen geben. Die Crêpes anschließend in Stücke schneiden und warm servieren.

FÜR 6 PORTIONEN

FÜR DIE CRÊPES:

225 g Mehl

25 g flüssige Butter, plus 2 EL extra

3 Eier (Größe L)

300 ml Vollmilch

Salz, Pfeffer

2 Zweige Rosmarin, fein gehackt

2 Stängel Majoran, fein gehackt

1 Bund Kerbel, fein gehackt

FÜR DIE FÜLLUNG:

Je 2 Zucchini und Auberginen

Je 1 rote und gelbe Paprikaschote

6 Tomaten

150 g getrocknete Tomaten in Öl

1 Zwiebel

1–2 Knoblauchzehen

60 ml Olivenöl, plus 2 EL extra

2 EL Tomatenmark

100 g schwarze Oliven, entsteint

3 TL Thymian

100 ml Gemüsebrühe

200 g Fetakäse

vegetarisch

Schwarze Tagliatelle
MIT GEMÜSE

FÜR 4 PORTIONEN

....

*2 kleine Fenchelknollen
(ca. 400 g)*

100 g grüne Oliven, entsteint

1 rote Zwiebel

2 Knoblauchzehen

1 Zucchini

150–200 g Kirschtomaten

*Ca. 400 g schwarze Tagliatelle
(vegan)*

Salz

4 EL Olivenöl

Pfeffer

*1 Topf rotes Basilikum, die Blättchen
grob gehackt*

....

 *vegan*

✳ Den Fenchel waschen und trocken tupfen. Den Strunk keilförmig herausschneiden, die äußere dicke Schale sowie die harten Stiele der Knolle entfernen, das Grün fein hacken und beiseitestellen. Die Knollen längs vierteln und in feine Streifen schneiden. Die Oliven in Ringe schneiden. Zwiebel und Knoblauch schälen und in feine Ringe bzw. Würfel schneiden. Zucchini putzen und fein würfeln, Tomaten waschen und halbieren.

✳ Die Pasta in kochendem Salzwasser nach Packungsanleitung al dente kochen. Währenddessen 2–3 Esslöffel Olivenöl in einer Pfanne erhitzen. Zwiebel und Knoblauch darin farblos anschwitzen. Fenchel, Zucchini, Oliven und Tomaten zugeben, kurz durchschwenken, mit Salz und Pfeffer würzen und bissfest garen. Kurz vor Ende der Garzeit ca. 100 ml vom heißen Nudelwasser in die Pfanne geben. Das Gemüse gut durchmischen, die Nudeln in ein Sieb abgießen.

✳ Die Pasta mit dem restlichen Olivenöl vermengen und zusammen mit dem Gemüse auf Tellern anrichten. Mit Fenchelgrün und Basilikum garniert servieren.

Kalbsfrikadellen
MIT KRÄUTERQUARK

* Für die Frikadellen die Brötchen in grobe Würfel schneiden und in Wasser einweichen. Die Zwiebel schälen und fein würfeln. Majoran und Petersilie abbrausen, trocken schütteln und die Blättchen klein hacken.

* Die Butter in einem kleinen Topf zerlassen, Speck- und Zwiebelwürfel darin anschwitzen. Kräuter zugeben und kurz mitschwitzen. Den Topf beiseitestellen und abkühlen lassen.

* Das Fleisch durch die mittlere Scheibe des Fleischwolfes drehen (alternativ den Metzger darum bitten), mit Salz und Pfeffer würzen. Die Brötchen ausdrücken und mit den Eiern unter das Fleisch mengen. Zwiebel-Speck-Mischung ebenfalls unter die Kalbfleischmasse kneten und erneut abschmecken. Mit einem Eisportionierer gleich große Frikadellen abstechen und diese mit leicht angefeuchteten Händen in die gewünschte Form rollen.

* Für den Quark die Kräuter abbrausen und trocken schütteln. Kerbel und Petersilie von den Stängeln zupfen und klein hacken. Den Schnittlauch in feine Röllchen schneiden. Den Quark mit Olivenöl, Himbeeressig, Salz und Pfeffer würzen und die Kräuter unterheben.

* Den Backofen auf 160 °C vorheizen. Butterschmalz in einer großen ofenfesten Pfanne zerlassen. Die Frikadellen darin von beiden Seiten ca. 2 Minuten braten. Dann im Ofen in weiteren 10 Minuten fertig garen. Mit dem Kräuterquark anrichten.

Tipp: Wer mag, serviert dazu knusprige Bratkartoffeln.

FÜR 8–10 FRIKADELLEN

FÜR DIE FRIKADELLEN:

2 Brötchen vom Vortag

1 große Zwiebel

1 kleines Bund Majoran

1 kleines Bund glatte Petersilie

50 g Butter

60 g durchwachsener Speck, gewürfelt

600 g Kalbfleisch (z. B. aus Brust und Oberschale)

Salz, Pfeffer

2 Eier (Größe L)

Ca. 1 EL Butterschmalz zum Braten

FÜR DEN KRÄUTERQUARK:

1 Bund Kerbel

½ Bund glatte Petersilie

1 Bund Schnittlauch

500 g Quark (45 % Fett)

1 EL Olivenöl

1 TL Himbeeressig

Salz, Pfeffer

Kabeljau
MIT DICKEN BOHNEN

FÜR 4 PORTIONEN

....

6 Schalotten

2 Knoblauchzehen

2 EL Olivenöl

*Ca. 8 Stängel Bohnenkraut,
die Blätter gehackt*

50 ml trockener Weißwein

400 ml Fischfond

*4 Kabeljaufilets mit Haut
(à 120–150 g)*

Salz, Pfeffer

1 EL Butterschmalz

50 g Butter, in Flocken

4 Zweige Thymian

*400 g Dicke Bohnen, blanchiert
und gepellt*

*3 Flaschentomaten, blanchiert,
gehäutet und gewürfelt*

✳ Schalotten und 1 Knoblauchzehe schälen und fein würfeln. Das Olivenöl in einem Topf erhitzen und Schalotten und Knoblauch darin farblos anschwitzen. Das gehackte Bohnenkraut zugeben, kurz mitschwitzen und mit Weißwein ablöschen. Den Fischfond zugießen und bei mittlerer Hitze um die Hälfte einkochen.

✳ Den Backofen auf 120 °C (Umluft) vorheizen. Währenddessen die Fischfilets kurz unter kaltem Wasser abbrausen, trocken tupfen und mit Salz und Pfeffer würzen. Butterschmalz in einer ofenfesten Pfanne zerlassen, die Filets mit der Hautseite nach unten in die Pfanne geben und bei mittlerer Temperatur ca. 5 Minuten anbraten. Butterflocken, Thymian und 1 angedrückte Knoblauchzehe zugeben. Die Kabeljaufilets mit der schäumenden Butter mehrfach übergießen und die Pfanne für 10–12 Minuten in den Ofen stellen.

✳ Die reduzierte Sauce mit Salz und Pfeffer abschmecken, dicke Bohnen und Tomatenwürfel darin kurz erwärmen. Die fertig gegarten Fischfilets aus der Pfanne heben und auf Küchenpapier abtropfen lassen. Das Bohnengemüse auf Tellern anrichten und jeweils ein Kabeljaufilet obenauf setzen.

Knusprig frittiertes Ei
MIT BRENNNESSELN

✳ Die Kartoffeln in Salzwasser gar kochen. Die Milch erwärmen und die Butter darin auflösen. Die gekochten Kartoffeln abgießen, kurz ausdampfen lassen und durch eine Kartoffelpresse drücken (alternativ mit einem Stampfer zerdrücken). Die warme Milch über die heißen Kartoffeln gießen und behutsam einarbeiten. Mit Salz und Muskat abschmecken und nach Belieben noch etwas Butter unterheben.

✳ 4 Eier 5 Minuten kochen, in Eiswasser abschrecken und vorsichtig pellen. Die übrigen Eier trennen, die Eigelbe verquirlen und leicht salzen. (Eiweiße auffangen, kühl aufbewahren und anderweitig verwenden.) Die gekochten Eier leicht mit Mehl bestäuben, zuerst in den Eigelben und anschließend in Panko wenden, dann beiseitestellen.

✳ Brennnesseln waschen, die Blätter abzupfen und abtropfen lassen. Die Blätter in siedendem Salzwasser kurz blanchieren und in Eiswasser abschrecken. Leicht ausdrücken und grob schneiden.

✳ Schalotten und Knoblauch schälen und fein würfeln. Die Butter in einer großen Pfanne zerlassen. Knoblauch- und Schalotten würfel zufügen und glasig schwitzen. 4 Esslöffel Wasser und die Brennnesselblätter zugeben und kurz glasieren. Mit Salz und Pfeffer abschmecken.

✳ Die Fritteuse vorbereiten oder einen großen Topf mit dem Pflanzenöl erhitzen. Die panierten Eier bei 170 °C knusprig frittieren und anschließend auf Küchenpapier abtropfen lassen. Kartoffelpüree, Brennnesseln und die gebackenen Eier auf Tellern anrichten und sofort servieren.

FÜR 4 PORTIONEN

....

FÜR DAS KARTOFFELPÜREE:

750 g mehligkochende Kartoffeln, geschält

Salz

250–300 ml Milch

60 g Butter, plus etwas extra

Muskat

....

FÜR DIE EIER:

7 frische Eier (Größe L)

Salz

Mehl zum Bestäuben

100 g Panko-Paniermehl

Ca. 1,2 l Pflanzenöl zum Frittieren

....

FÜR DIE BRENNNESSELN:

600 g junge Brennnesseln am Strauch (oder 400 g junge Brennnesselblätter)

Salz

2 kleine Schalotten

1 Knoblauchzehe

70 g Butter

Pfeffer

....

 *vegetarisch*

Kalbstafelspitz

MIT WURZELGEMÜSE

FÜR 4 PORTIONEN

....

FÜR DEN TAFELSPITZ:

Ca. 850 g Tafelspitz vom Kalb

Salz, Pfeffer

1 EL Butterschmalz

6 Zweige Thymian

2 Knoblauchzehen, angedrückt

....

FÜR DAS WURZELGEMÜSE:

3–4 Bundmöhren

½ Knollensellerie

1 Zwiebel

1 Stange Lauch

1 kleines Bund Schnittlauch

½ Bund Petersilie

½ Bund Kerbel

50 g Butter

Salz, Pfeffer

100 ml Kalbs- oder Gemüsebrühe

✳ Den Backofen auf 80 °C vorheizen. Ein Backblech mit einem Gitter belegen. Tafelspitz kalt abbrausen, gründlich trocken tupfen und rundherum mit Salz und Pfeffer würzen. Eine Pfanne erhitzen und darin das Butterschmalz heiß werden lassen. Den Tafelspitz ca. 3 Minuten pro Seite anbraten, dabei Thymian und Knoblauch zufügen.

✳ Das Fleisch auf das vorbereitete Gitter setzen, mit Thymian und Knoblauch belegen. Den Tafelspitz ca. 1 Stunde im Ofen garen. (Es sollte eine Kerntemperatur von 55–60 °C erreicht werden.)

✳ Währenddessen Möhren, Sellerie und Zwiebel schälen und in feine Würfel schneiden. Lauch putzen, längs halbieren und in feine Ringe schneiden. Die Kräuter abbrausen und trocken schütteln. Schnittlauch in feine Röllchen schneiden, Petersilien- und Kerbelblätter abzupfen und fein hacken.

✳ Die Butter in einem weiten Topf erhitzen und das Gemüse darin bissfest braten. Mit Salz und Pfeffer würzen und mit Brühe ablöschen. Dann die gehackten Kräuter unterheben.

✳ Den Tafelspitz aus dem Ofen nehmen, in Alufolie wickeln und ca. 5 Minuten ruhen lassen.

✳ Anschließend gegen die Faser aufschneiden und zusammen mit dem Gemüse auf Tellern anrichten.

Geräucherte Forelle
MIT APFEL-GURKEN-SALAT

FÜR 4 PORTIONEN

....

FÜR DIE FORELLE:

1 rote Zwiebel

2 Salatgurken

2 Äpfel (z. B. Boskop)

200 g geräucherte Forellenfilets

15 g Borretschblüten

....

FÜR DIE VINAIGRETTE:

50 ml Mirin (japanischer Reiswein)

20 ml Mizkan-Reisessig

1 TL Wasabipaste

80 ml Olivenöl

1 Stück Ingwer (walnussgroß)

1 Bund Dill

1 Bio-Limette

Salz, Szechuanpfeffer

✳ Mirin, Reisessig, 1 Esslöffel Wasser, Wasabipaste und Olivenöl in einer Schüssel verrühren. Ingwer schälen und in feine Würfel schneiden. Dill abbrausen, trocken schütteln und die Blättchen fein hacken. Die Limette heiß abwaschen, trocken tupfen und die Schale abreiben. Ingwer, Dill und Limettenabrieb in die Schüssel geben und unterrühren. Die Vinaigrette mit Salz und Szechuanpfeffer würzen und beiseitestellen.

✳ Die Zwiebel schälen, vierteln und in dünne Streifen schneiden. Gurken waschen, trocken tupfen und nach Belieben schälen. Dann quer halbieren, vierteln und die Kerngehäuse schräg herausschneiden. Die Gurken in kleine Würfel und die Kerngehäuse in 2 cm große Stücke schneiden.

✳ Die Äpfel waschen, trocken tupfen, entkernen und in dünne Scheiben schneiden. Gurken- sowie Kerngehäusewürfel, Apfelscheiben und Zwiebelstreifen in eine große Schüssel geben. Mit der Vinaigrette übergießen und durchmengen. Die Forellenfilets in kleine Stücke zupfen und unter den Salat heben.

✳ Den Salat 10 Minuten ziehen lassen und erneut mit Salz und Szechuanpfeffer abschmecken. Auf Teller verteilen und mit Borretschblüten bestreuen.

Gedämpfte Zucchiniblüten

* Die Zucchiniblüten in stehendem, kaltem Wasser vorsichtig waschen, abtropfen lassen und mit Küchenpapier trocken tupfen. Die Blütenblätter behutsam aufklappen und die Blütenstempel herausdrehen.

* Schalotten schälen und in kleine Würfel schneiden. Oliven und Tomaten ebenfalls fein würfeln.

* Basilikum abbrausen, trocken schütteln und die Blättchen fein schneiden. Olivenöl in einer Pfanne erhitzen, Schalotten darin glasig schwitzen. Oliven und Tomaten zugeben und kurz mitschwitzen. Die Pfanne vom Herd nehmen und das Basilikum unterheben. Die Mischung in eine Schüssel füllen und auskühlen lassen.

* Pecorino reiben und zusammen mit dem Ricotta in einer Schüssel glatt rühren. Die Eier leicht verquirlen und unter den Käse rühren. Die Tomaten-Oliven-Mischung zugeben und untermengen. Mit Salz und Pfeffer abschmecken. Die Ricottamasse in einen Spritzbeutel geben, die vorbereiteten Blüten mit der Masse füllen und die Blütenspitzen vorsichtig zusammendrehen.

* Den Dampftopf aufsetzen und die Zucchiniblüten (je nach Topfgröße 4–5 Blüten auf einmal) für 8–10 Minuten bei geschlossenem Deckel garen. Mit den übrigen Blüten ebenso verfahren.

Tipp: Die Blüten mit Tomatensugo und frischem Ciabatta servieren.

FÜR 4 PORTIONEN

12 männliche Zucchiniblüten

2 Schalotten

80 g Taggiasca-Oliven, entsteint

80 g getrocknete Tomaten in Öl, abgetropft

1 kleines Bund Basilikum

2 EL Olivenöl

50 g Pecorino

250 g Ricotta

2 Eier (Größe M)

Salz, Pfeffer

AUSSERDEM:

Topf mit Dämpf-Aufsatz

 vegetarisch

Hähnchenbrust-
ROULADE MIT BÄRLAUCH

FÜR 4 PORTIONEN

FÜR DIE ROULADE:

4 Hähnchenbrüste (à 160 g)

1 Bund Bärlauch

150 g Putenbrust

140 ml Sahne

1 Eiweiß (Größe M)

Salz, Pfeffer

Etwas Butter

**FÜR DEN KARTOFFEL-
STAMPF:**

*400 g vorwiegend festkochende
Kartoffeln, geschält*

Salz, weißer Pfeffer

Muskat

1–2 EL Olivenöl

FÜR DIE PILZE:

*400 g gemischte Pilze
(z. B. Champignons,
Kräuterseitlinge, Shiitake)*

2 Schalotten

1 Bund Kerbel

2 EL Butter

Salz, Pfeffer

✳ Hähnchenbrüste unter kaltem Wasser abbrausen und trocken tupfen. Bärlauch waschen, trocken schütteln und fein hacken. Putenbrust in feine Streifen schneiden und für ca. 20 Minuten ins Gefrierfach stellen. Anschließend in einen Mixer geben und zusammen mit der Sahne und dem Eiweiß in mehreren Intervallen zu einer homogenen Masse pürieren. Mit Salz und Pfeffer würzen und den Bärlauch unterheben.

✳ Die Hähnchenbrüste mit einem Schmetterlingsschnitt ein-schneiden und breit klopfen. Das Fleisch dünn mit der Farce bestreichen und einrollen. Die Rouladen stramm in Frischhalte-folie wickeln und zusätzlich in Alufolie fixieren. Wasser in einem Topf aufkochen, die Temperatur stark reduzieren und die Roula-den in ca. 20 Minuten garen.

✳ In der Zwischenzeit die Kartoffeln in Salzwasser gar kochen. Abgießen, dabei 2–3 Esslöffel Kartoffelwasser auffangen, und kurz ausdampfen lassen. Die Kartoffeln grob zerstampfen. Mit Salz, Pfeffer, Muskat, Kartoffelwasser und Olivenöl würzen. Kartoffelstampf warm halten.

✳ Die Pilze putzen und in kleine Stücke schneiden. Schalotten schälen und fein würfeln. Kerbel abbrausen, trocken schütteln und die Blätter hacken. Pilze und Schalotten in einer großen Pfanne in der Butter anbraten, mit Salz und Pfeffer würzen. Den gehackten Kerbel unterrühren.

✳ Hähnchenrouladen auswickeln und trocken tupfen. Mit Salz und Pfeffer abschmecken und in einer heißen Pfanne in etwas Butter nachbraten. Die Rouladen in Scheiben schneiden und mit Kartoffelstampf und Pilzen anrichten.

GETRÄNKE & DESSERTS

Beeren
IN WALDMEISTER-SIRUP

* Den Waldmeister waschen und trocken tupfen. Dann über Nacht (am besten für 12–24 Stunden) an einem trockenen Ort anwelken lassen.

* Die Zitrone heiß abwaschen, trocken reiben und in dünne Scheiben schneiden. 200 ml Wasser mit dem Zucker in einen Topf geben und aufkochen, bis sich der Zucker aufgelöst hat. Den Topf vom Herd nehmen. Waldmeister und Zitronen zugeben und den Topf zudecken. Den Sirup 2–3 Stunden durchziehen lassen. Währenddessen die Beeren vorsichtig waschen und verlesen.

* Den Sirup anschließend durch ein feines Sieb passieren und leicht erwärmen. Die Beeren in ein geeignetes Gefäß geben und den Waldmeister-Sirup zugießen. Die Beeren vor dem Servieren 1 Stunde ziehen lassen.

Tipp: Die eingelegten Beeren schmecken z. B. zu Vanillepudding, Joghurteis und French Toast.

FÜR 4 PORTIONEN

....

40 g frischer Waldmeister

1 kleine Bio-Zitrone

100 g Zucker

500 g gemischte Beeren der Saison (z. B. rote Johannisbeeren, Himbeeren, Brombeeren, Blaubeeren)

....

 *vegan*

Shortbread

MIT LAVENDEL-MARMELADE

FÜR 4 EINMACHGLÄSER (À 300 ML) BZW. 1 AUFLAUFFORM (CA. 29 X 23 CM)

FÜR DIE MARMELADE:

1–2 Zweige Rosmarin

500 g Gelierzucker 2:1

2 EL getrocknete Lavendelblüten

Ca. 1,5 kg reife Aprikosen (ca. 1 kg ohne Stein)

Saft von 1 Zitrone

FÜR DAS SHORTBREAD:

255 g Mehl

80 g Speisestärke

255 g sehr weiche Butter

½ TL Salz

70 g Zucker, plus 40–50 g Zucker extra

AUSSERDEM:

Butter für die Form

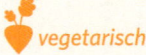 *vegetarisch*

* Rosmarinnadeln abzupfen und grob hacken. Mit der Hälfte des Zuckers und 1 Esslöffel Lavendelblüten fein mixen. Aprikosen waschen, trocken tupfen, halbieren, entsteinen und klein schneiden. Mit dem übrigen Zucker, der Rosmarinmischung und dem Zitronensaft in einem Topf vermengen und 30 Minuten ziehen lassen. Unter Rühren aufkochen und 10–15 Minuten bei mittlerer Hitze köcheln lassen. Restliche Lavendelblüten zugeben und einrühren. Gelierprobe machen und bei Bedarf weitere 5–10 Minuten kochen.

* Die Marmelade noch heiß in sterilisierte Einmachgläser füllen, die Gläser verschließen und für 10 Minuten auf den Kopf stellen. Die Marmelade 1 Woche ziehen lassen.

* Den Backofen auf 160 °C vorheizen. Die Form ausbuttern. Mehl und Stärke in einer Schüssel mischen und durch ein feines Sieb geben. In einer anderen Schüssel die Butter mit dem Salz verrühren. Den Zucker zugeben und unterrühren. Dann die Mehlmischung zufügen und alles gut mischen, bis ein homogener Teig entstanden ist. Den Teig gleichmäßig in der Form verteilen und 35–40 Minuten backen.

* Das Shortbread aus dem Ofen nehmen und noch heiß mit dem übrigen Zucker bestreuen. Für ca. 10 Minuten auskühlen lassen, dann ggf. überschüssigen Zucker aus der Form klopfen. Das Shortbread noch in der Form mit einem dünnen Küchenmesser nach Belieben portionieren und anschließend vollständig auskühlen lassen. Mithilfe einer kleinen Winkelpalette oder einem Küchenmesser die Shortbread-Sticks vorsichtig aus der Form heben und mit der Marmelade servieren.

Süsser
SPARGEL-ERDBEER-SALAT

FÜR 4-6 PORTIONEN

FÜR DEN SALAT:

500 g weißer Spargel

Salz

500 g Erdbeeren

60 g Zucker

30 g Butter

4–5 cl Orangenlikör

FÜR DAS PESTO:

20 g weiße Kuvertüre

1 großes Bund Basilikum

25 g Pistazienkerne, geschält

2–3 EL Puderzucker

4–5 EL Olivenöl

Saft von ½ Zitrone

 *vegetarisch*

✳ Den Spargel schälen, von den holzigen Enden befreien und in leicht gesalzenem, kochendem Wasser in 9–12 Minuten bissfest garen. Anschließend sofort in Eiswasser abschrecken. Den ausgekühlten Spargel auf Küchenpapier trocknen.

✳ Die Erdbeeren waschen, putzen und je nach Größe halbieren oder vierteln. Erdbeeren mit 40 g Zucker bestreuen und ca. 10 Minuten ziehen lassen.

✳ Den Spargel schräg in Scheiben schneiden. Eine Pfanne erhitzen und darin den restlichen Zucker karamellisieren. Butter zugeben und den Spargel kurz darin schwenken. Mit dem Orangenlikör ablöschen und in eine Schüssel umfüllen. Etwas abkühlen lassen, dann die Erdbeeren unterheben.

✳ Die Kuvertüre im Gefrierfach kalt stellen. Basilikum abbrausen, trocken schleudern, die Blätter von den Stängeln zupfen und grob hacken. Die Pistazienkerne in einer Pfanne trocken anrösten, mit der Hälfte des Puderzuckers bestäuben und leicht karamellisieren. Die gekühlte Kuvertüre mit einem Trüffelhobel oder einer Küchenreibe auf einen Backpapierbogen raspeln und kalt stellen.

✳ Basilikum, Pistazienkerne und restlichen Puderzucker fein mixen, dabei nach und nach das Olivenöl zugeben. Mit Zitronensaft abschmecken. Den Spargel-Erdbeer-Salat in kleine Gläser füllen und mit Basilikum-Pesto und geraspelter Schokolade garnieren.

Kräuter-
LIMONADE

FÜR CA. 1 L SIRUP

6 Bio-Limetten

300 g feinster Zucker

1 großes Bund frische Minze

1 Bund Zitronenthymian

1 Bund Zitronenmelisse

AUSSERDEM:

Eiswürfel

Sodasiphon plus Kapseln
(alternativ Mineralwasser)

 vegan

---

✳ Die Limetten heiß abwaschen, trocken tupfen und die Schale fein abreiben. Zucker und Limettenabrieb in einer Küchenmaschine oder mit dem Handrührgerät 10 Minuten mit dem Schlagbesenaufsatz mischen. Die Limetten auspressen. Den Saft durch ein feines Sieb passieren und beiseitestellen.

✳ Zucker-Limetten-Mischung und 1 l Wasser bei geringer Hitze 10–15 Minuten köcheln lassen. Den Topf vom Herd nehmen und den Sirup 15 Minuten zugedeckt ziehen lassen.

✳ Die Kräuter abbrausen, trocken schütteln und in ein großes Einmachglas (1,5 l Fassungsvermögen) füllen. Mit dem leicht abgekühlten Sirup und dem Limettensaft auffüllen. Das Glas mit geöffnetem Deckel in ein warmes Wasserbad stellen und für 20 Minuten erwärmen. Dann rasch abkühlen lassen (am besten in Eiswasser), verschließen und für 12 Stunden im Kühlschrank ziehen lassen.

✳ Je nach Geschmack 100–150 ml Kräuter-Limetten-Sirup in Gläser mit Eiswürfel füllen und mit Sodawasser aus dem Siphon oder Mineralwasser auffüllen.

Tipp: Den Sirup innerhalb von 3–4 Tagen verzehren.

Kandierte Rosenblätter

* Die Blütenblätter vorsichtig vom Kelch lösen und verlesen, beschädigte Blätter aussortieren. Die Eiweiße mit einem Schneebesen leicht schaumig schlagen.

* Zwei Backbleche mit Backpapier auslegen. Auf die Arbeitsfläche ebenfalls einen Bogen Backpapier legen und darauf eine Schüssel mit dem angeschlagenen Eiweiß sowie eine Schüssel mit dem Zucker stellen.

* Jeweils 1 Rosenblatt von beiden Seiten dünn mit Eiweiß bepinseln, dann dünn mit Zucker bestreuen. Das Blatt sollte vollständig von Zucker ummantelt sein. Das kandierte Rosenblatt auf das vorbereitete Backblech legen und so weiterverfahren, bis alle Blätter aufgebraucht sind.

* Die Blütenblätter für ca. 5 Stunden bei Raumtemperatur oder bei 50 °C (nur Ober-/Unterhitze, keine Umluft) im Backofen für 2 Stunden trocknen lassen.

* Die kandierten Blätter zwischen Backpapier in einer luftdicht verschlossenen Dose aufbewahren und innerhalb von drei Tagen verbrauchen.

Tipp: Die Blätter eignen sich besonders gut für die Dekoration von Torten, Cupcakes oder anderen Süßspeisen.

FÜR 150–200 G KANDIERTE ROSENBLÄTTER

....

3 Blütenköpfe von unbehandelten Rosen

2 Eiweiß

Ca. 200 g feinster Zucker

....

AUSSERDEM:

1 feiner Pinsel

....

vegetarisch

Vanilleparfait
MIT OBSTSALAT

FÜR 4–6 PORTIONEN

....

FÜR DAS PARFAIT:

450 g Sahne

160 ml Vollmilch

120 g Zucker

Mark von einer 1 Vanilleschote

4 Eigelb (Größe L)

....

FÜR DEN OBSTSALAT:

100 g brauner Rohrzucker

Mark von 1 Vanilleschote

1 Sternanis

4 Zweige Thymian

½ Bund Zitronenmelisse

½ Cantaloupe-Melone

3 Kiwis

3 säuerliche Äpfel

2 Birnen

1 Granatapfel

Abrieb von 1 Bio-Zitrone

....

AUSSERDEM:

1 Auflaufform (ca. 30 x 20 cm)

....

 *vegetarisch*

✳ Das Parfait am besten am Vortag zubereiten. Die Sahne aufschlagen und kalt stellen. Milch, Zucker und Vanillemark aufkochen, den Topf vom Herd ziehen und die Flüssigkeit ca. 10 Minuten ziehen lassen. Die Eigelbe mit der warmen Vanillemilch ca. 10 Minuten in einer großen Schüssel über einem heißen Wasserbad cremig aufschlagen, dabei darauf achten, dass die Masse nicht gerinnt. Die Schüssel vom Wasserbad nehmen und auf Raumtemperatur abkühlen lassen. Die geschlagene Sahne vorsichtig unter die Eigelbmasse heben.

✳ Die Auflaufform mit Backpapier auslegen. Die Parfaitmasse in die Form füllen und für mindestens 6 Stunden ins Gefrierfach stellen.

✳ Für den Obstsalat 200 ml Wasser mit Zucker, Vanillemark und Sternanis aufkochen, bis sich der Zucker aufgelöst hat. Thymian zugeben und den Topf beiseitestellen. Die Melisse abbrausen, trocken schütteln, die Blättchen von den Stängeln zupfen und in sehr feine Streifen schneiden.

✳ Melone und Kiwis schälen und in kleine Würfel schneiden. Äpfel und Birnen putzen und ebenfalls fein würfeln. Den Granatapfel aufbrechen und die Kerne herauslösen. Das Obst in eine große Schüssel füllen, mit dem Sirup übergießen und durchmengen. Zitronenabrieb und Zitronenmelisse zugeben und untermischen. Den Obstsalat ca. 1 Stunde marinieren lassen. Anschließend Thymian und Sternanis entfernen und das Obst auf dem Vanilleparfait anrichten.

Milchreis

MIT GLASIERTEN PFIRSICHEN

FÜR 4-6 PORTIONEN

1 Vanilleschote

Ca. 1 l Vollmilch (bei Bedarf ca. 150 ml mehr, da es je nach Reishersteller Unterschiede in der Saugfähigkeit geben kann)

250 g Milchreis

1 Prise Salz

3-4 TL brauner Rohrzucker

AUSSERDEM:

3 EL Pistazienkerne, geschält

Frische Duftgeranien-Blütenköpfe (50-60 g)

4 weiße Pfirsiche

2 TL Zucker

20 g Butter

50-70 ml Amaretto

 *vegetarisch*

✳ Die Vanilleschote längs halbieren und das Mark herauskratzen. Milch zusammen mit dem Reis, dem Vanillemark, der ausgekratzten Schote und dem Salz kalt aufsetzen und bei mittlerer Hitze zum Kochen bringen. Unter gelegentlichem Rühren 10-15 Minuten köcheln lassen. Die Temperatur reduzieren und den Milchreis bei geschlossenem Deckel 20-30 Minuten quellen lassen. Er sollte anschließend noch einen leichten Biss und die komplette Milch aufgenommen haben.

✳ Wenn der gewünschte Garpunkt erreicht ist, den Reis mit Zucker süßen und bei Bedarf mit etwas zusätzlicher Milch noch cremiger rühren. Den Milchreis warm halten.

✳ Die Pistazienkerne in einer Pfanne trocken anrösten, auskühlen lassen und grob zerstoßen. Die Blätter von ca. 3 Blütenköpfen abzupfen. Die Pfirsiche waschen, trocken tupfen, halbieren, entkernen und grob würfeln.

✳ Eine große Pfanne erhitzen, den Zucker darin karamellisieren. Pfirsiche und Butter zugeben und durchschwenken. Mit dem Amaretto ablöschen, kurz reduzieren lassen und die Blütenblätter zugeben. Erneut durchschwenken, dann die Pfanne vom Herd nehmen.

✳ Den Milchreis mit den glasierten Pfirsichen servieren. Mit Pistazienkernen und den übrigen Blüten bestreuen.

Hibiskus-Himbeer-
LIMONADE

* Himbeeren waschen, verlesen und mit dem Zucker in einen breiten Topf geben. Bei mittlerer Hitze 8–10 Minuten unter gelegentlichem Rühren aufkochen, bis sich der Zucker vollständig aufgelöst hat. Die Himbeeren pürieren, das Püree durch ein feines Sieb streichen und abkühlen lassen.

* 500 ml Wasser aufkochen, Hibiskusblüten zufügen, den Topf mit einem Deckel schließen, vom Herd nehmen und die Blüten ca. 8 Minuten ziehen lassen. Den Blüten-Aufguss anschließend durch ein feines Sieb abseihen und abkühlen lassen.

* Himbeerpüree, Hibiskusblüten-Tee und Zitronensaft miteinander verrühren und für ca. 1 Stunde in den Kühlschrank stellen.

* Je nach Geschmack 50–100 ml Sirup in ein Glas mit Eiswürfeln geben und mit Sodawasser aus dem Siphon oder mit Mineralwasser auffüllen. Bei Bedarf leicht umrühren.

Tipp: Nach Belieben Hibiskusblüten in Sirup als Deko ins Glas geben.

FÜR CA. 700 ML SIRUP

....

500 g frische Himbeeren

200 g feinster Zucker

20 g Hibiskusblüten, getrocknet

240 ml frisch gepresster Zitronensaft

....

AUSSERDEM:

Eiswürfel

Sodasiphon plus Kapseln (alternativ Mineralwasser)

....

 *vegan*

Register

OLIVER BRACHAT arbeitet als erfolgreicher Still-Life-Fotograf in seinem eigenen Studio in Düsseldorf. Mit viel Kreativität und seiner Liebe zu gutem Essen schafft er außergewöhnliche Food-Fotografien. Zuletzt im Hölker Verlag erschienen sind seine Kochbücher *Meine feine Chocolaterie, Ordentlich backen!, Ordentlich grillen!* und *Burger – Homemade Fast Food.* www.oliverbrachat.com

TORSTEN HÜLSMANN arbeitete nach abgeschlossener Hotelfach- und Kochausbildung in verschiedenen ausgezeichneten Sternerestaurants. Seine große Leidenschaft, Lebensmittel nicht nur geschmacklich, sondern auch visuell perfekt in Szene zu setzen, bringt ihn schließlich zum Foodstyling. Seit 2012 arbeitet er selbstständig als Foodstylist und Rezeptautor. www.foodmanufactory.com

Vielen Dank an die Bioland-Kräutergärtnerei Thees in Willich, die uns ihre schönen Kräuter für dieses Buch zur Verfügung gestellt hat.

5 4 3 2 1   19 18 17 16 15
ISBN 978-3-88117-925-6

Fotos: Oliver Brachat
Fotoassistenz: Philip Dahlmann
Rezepte und Küche: Torsten Hülsmann
Cover und Layout: Julia Marquardt
Satz und Litho: typocepta, Köln
Redaktion: Christin Geweke
© 2015 Hölker Verlag im
Coppenrath Verlag GmbH & Co. KG
Hafenweg 30, 48155 Münster, Germany
Alle Rechte vorbehalten, auch auszugsweise

www.hoelker-verlag.de